經典重現之文創觸角

如何重新被看見為目標，
思考經典以不同姿態出場

literature

classic

作者
陳秀玲

麗文文化事業

■ 國家圖書館出版品預行編目資料

經典重現之文創觸角 / 陳秀玲著. -- 初版. -- 高雄市：
麗文文化, 2018.06
　　面；　公分
ISBN 978-986-490-127-2(平裝)

1.文化產業 2.創意

541.29　　　　　　　　　　　　　107008916

經典重現之文創觸角
初版一刷‧2018 年 6 月

著者	陳秀玲
責任編輯	鍾宛君
發行人	楊曉祺
總編輯	蔡國彬
出版者	麗文文化事業股份有限公司
地址	80252高雄市苓雅區五福一路57號2樓之2
電話	07-2265267
傳真	07-2264697
網址	www.liwen.com.tw
電子信箱	liwen@liwen.com.tw
劃撥帳號	41423894
臺北分公司	23445新北市永和區秀朗路一段41號
電話	02-29229075
傳真	02-29220464
法律顧問	林廷隆律師
電話	02-29658212

行政院新聞局出版事業登記證局版台業字第5692號

ISBN 978-986-490-127-2（平裝）

麗文文化事業

定價：280 元

編輯用意
與凡例 INTRODUCTION

1 本書編輯的目的，在教授經典重現課程之講義文件，以提升文化和美感為終極目標，課堂上以文創經典如何重新被看見為目標，思考經典以不同姿態出場，做到雅俗共賞，感官和心靈交織，啟動生命故事，記憶與意識融為心靈的美感活動。筆者以文創產業為思考，以案例分析設計課程與應用，希望未來刺激文創人的觸角，有新的靈感伸展經典的空間，對相關職場的文化產業注入新的實踐方向。

2 課程目標在知識上，以經典文學為對象，輔以多媒體呈現，重新詮釋經典重現的不同美學風貌，分析文學作品內涵，或者想像畫作改編的故事；技能上，賞析經典畫作，發想挖掘不同主題故事，培養知性邏輯的分析能力，增進表達技巧，或觀賞改編，或多媒體動態科技應用，作為為跨領域應用；情意上，詮釋經典內涵，感受人性矛盾、人情兩難、與人文價值反省。

經典藝術，昔在今天恆在，永遠如空氣般在左右人的思想和行為，而與時代思潮流行趨勢同時流動著。美感情意教育，抽象又具體，期能在實踐上，企劃經典重現的文化創意，跨領域分工合作運用，達到知識與實務並用。

3 內容的安排，以國內外經典畫作為範例，經典變身成文字和影像改編，還有策展企劃活動，以達提升美感。經典重現課程設計有不同層次的學習和體驗，期待未來職場能充分發揮文創的創新與深耕文化活動和跨領域的整合推廣。

4 單元一為經典涵義詮釋；單元二到五分別為〈戴珍珠耳環的少女〉、〈清明上河圖〉、〈南街殷賑〉和《小王子》的案例分析；單元六為文創人經典重現之觸角空間的總結。

5 各單元有【學習目標】、【學習重點】、【小作業】、【參考資料】

經典還是時尚？質量再現風華雋永

● 學習目標

知識：瞭解經典涵義，本義與引申義，學習以現代觀點賦予
古典與時尚解釋，再現可能的面貌。

技能：現代人如何閱讀經典？應用經典？培養知性邏輯的分
析能力，增進表達技巧。

情意：經典如何影響人的思想和行為，瞭解社會價值，生命
的體諒，達成相互尊重的情懷。

態度：自學與謙卑，縝密與體貼，團隊配合與無懈合作的態
度。

● 學習重點

1-1 何謂經典？

1-2 經典classics與時尚flasion。

1-3 村上春樹「翻譯賞味期限論」。

1-4 現代人如何閱讀經典？經典的忠實呈現與改編重現形式。

1-5 文創人如何設計與應用經典？

　　王德威〈文學，經典，與現代公民意識〉談及「經典之所
以能夠可長可久，正因為其豐富的文本及語境每每成為辯論、
詮釋、批評的焦點，引起一代又一代的對話與反思。只有懷抱
這樣對形式與情境的自覺，我們才能體認所謂經典，包括了文
學典律的轉換，文化場域的變遷，政治信念、道德信條、審美

技巧的取拾，還有更重要的，認識論上對知識和權力，真理和虛構的持續思考辯難。」[1]

本章以這段話開頭，正是詮釋經典的意義與功能。本單元的學習目標，在文創人在閱讀本章後能瞭解何謂經典？經典的意義，經典作品提供我們什麼樣的思維與辯論？經典與時尚關係為何？是挖掘經典並創造經典？為何經典能「可長可久」？在文本語譯，村上春樹「翻譯賞味期限論」正可提供符合當時語境的翻譯，至於「經典改編」是文本的變身，影像劇情提供觀者生活反思與前進能量；回到經典文本的閱讀，字裏行間的涵義，文字的美感接收。文創人的任務是以挖掘經典創造經典，瞭解文化價值，聯結相關產業，適當的企劃設計，創造幸福與美感的社會。

1-1 何謂經典？

在學校，老師要求我們讀經典名著？台灣文學經典、古典《紅樓夢》、《水滸傳》、《西遊記》、《三國演義》；《西方希臘神話故事》、《百年孤寂》等，這些自幼早聞其美名，開卷瞬間密密麻麻，馬上掩卷脫逃文字密室；還是沉醉在經典電視劇，網路隨意點選台劇，《海豚灣戀人》、《我可能不會愛你》、《犀利人妻》、《花甲男孩轉大人》、《一把青》等等；或選韓劇，《來自星星的你》、《風之畫師》等；或選日劇，《澪之料理帖》、《半澤直樹》、《被討厭的勇氣》等；

---

1 《靈魂的領地：國民散文讀本》，凌性傑、楊佳嫻編著，台北：麥田。2013/04。頁290。

或愛古裝劇，有《奇皇后》、《甄嬛傳》、《瑯琊榜》等任君追著沒日沒夜的看；電影逾今也有所謂百大經典，《大國民》、《北非諜影》、《教父》、《綠野仙蹤》、《萬花嬉春》、《星際大戰四部曲》：《曙光乍現》等等。

能站上經典舞台實屬不易，到底什麼是經典？為什麼要讀？沒讀不會怎麼樣，你的內在能量與視野真的會不一樣。

1-1.1 ｜ 經與典的本義與引申義

何謂經？何謂典？《說文解字》：

> **經** 織也，從糸，巠聲。織之從（縱）絲謂之經。必先有經而後有緯。是故三綱五常六藝謂之天地之常經。

所謂的三綱指的是君為臣綱，父為子綱，夫為妻綱。儒家所提人文社會的倫理原則為君臣、父子、夫妻。五常是仁義禮智信，人與人相處的規範。所以經是將君臣（上下）、父子、夫妻、朋友等關係，用仁義禮智信的規範，對社會和人生具有重要的指導作用。

> **典** 五帝之書也。從冊在丌上，尊閣之也。典是(1)會意。甲骨文字形，上面是「冊」字，下面是大。本義是重要的文獻、典籍；(2)典，五帝之書也。《爾雅‧釋言》：典，經也。

典是實體書，古人很慎重的放在桌前閱讀，同時也是五帝統治的指導書。套現代話語，經是載體，為人文社會和諧安定為主旨教化的內容；而典籍是載具，供人閱讀。典是實體書，

古人很慎重的放在桌前閱讀，同時也是五帝統治的指導書。套現代話語，經是載體，以人文社會和諧安定為主旨教化的內容；而典籍是載具，供人閱讀。

1-1.2 │ 東西方傳統涵義和卡爾維諾的解釋

經典，英文classic，依《辭海》對經典的解釋：「**最重要的，有指導作用的權威著作。**」那權威著作是指什麼，又能指導我們什麼？

《牛津簡明英漢雙解辭典》和《20世紀簡明英語辭典》：

1. 文學與音樂達到的最高境界。
2. 受古希臘、古羅馬藝術影響的，或相關的古典作品。
3. 風格是含蓄的、典雅的。
4. 有較長歷史，被時間所認可的。

西方對經典的認定，是文學與音樂結合，而不是分開的；在音樂與文學，焦元溥曾指出文學與音樂的欣賞需要「記憶」與「時間性」特質。而「音樂與文學有相似的結構、語韻與審美方式，音樂是一種說話的語言，而文學中的音樂是一種豐富創作的手法，音樂撞文學，撞出無限想像空間。」[2]又同時受古典希臘、羅馬影響，風格要典範含蓄，莊重優美不俗，似乎與中國對典雅類似，且須經歷史時間淘洗認定。

教育部國語辭典網站解釋：

經典指具有典範性、權威性的著作。

1. 舊指作為典範的儒家載籍。唐劉知幾《史通‧敘事》：自聖賢述作，是曰經典。清紀昀《閱微草堂筆記‧槐

經典重現之文創觸角

西雜誌四》：祭祀之理，制於聖人，載於經典。

2. 指宗教典籍。《法華經・序品》：又覩諸佛，聖主師子，演說經典，微妙第一。《古今小說・滕大尹鬼斷家私》：且說如今三教經典，都是教人為善的。

3. 具有權威的著作。丁玲《杜晚香》：杜晚香沒有引經據典，但經典著作中的某些名言哲理，都融合在她的樸素的講話裡了。蕭乾《斯諾與中國新文藝運動》：箱子裡都是袖珍本的經典文學作品。

綜上所論，儒家經典內涵，仁是推己及人，義是合宜行為，禮為敬天節制，智是明哲保身，信是信任諒解，加上樂經亡佚，古代雅樂的曲調曲譜，如是和西方經典為文學與音樂最高境界的詮釋相同。宗教和儒家典籍等著作，都是建立人的思想信仰和行為的價值，堅信追求，在日常生活實踐，提升生命意義與價值。

義大利作家卡爾維諾（1923-1985）《為什麼要閱讀經典》[3]（Why Read the Classics?），對「經典」做出14個定義：

1. 經典就是你常常聽人們說「我正在重讀……」的那些書，而絕不是「我正在讀……」的那些書。

2. 經典是這樣的書籍，它給予已經閱讀過或鍾愛它們的人們以一種如獲珍寶的體會；同時對於保留機會等到閱讀的最佳時機來臨的讀者而言，經典所蘊含的豐富體會也絲毫不減。

3. 經典之書能帶來特別的影響，無論是它們深深銘刻在我們想像之中難以忘卻，還是隱隱藏匿於層層記憶之下偽裝成個人或集體的無意識。

---

3 《為什麼要閱讀經典》，伊塔羅・卡爾維諾，譯者：李桂蜜，台北：時報。2005/08/08。

4. 經典是每次重讀都會帶來初讀時滿滿的發現的快意的書。

5. 經典是初讀卻感覺像重讀的書。

6. 經典之書對其讀者所述永無止盡。

7. 經典之書帶著前人理解的光環來到我們面前，尾隨其後的又是他們穿過時光長河在各文化中（或者是不同的語言和風俗）所留下的痕跡。

8. 經典就是能在其周圍造就一團批評爭議的雲霧的作品，然而它卻能抖落其中的塵埃。

9. 經典是我們道聽塗說自以為知之甚多，卻在真正閱讀時發現它們愈加獨一無二、出乎意料並且獨具創意。

10. 經典之名可賦予那些代表整個宇宙，如同古代護身符一般的書籍。

11. 你的經典便是你決不能置之不理的書，它幫助你在與它的關係中或反對它的過程中確立你自己。

12. 經典之作走在其他經典之前，然則讀過其他經典的人會立刻認識到它在經典著作譜系中的地位。

13. 經典就是將當下的嘈雜之音化作嗡嗡背景聲的作品，而這背景聲同時也是經典存在所不可或缺的。

14. 經典是作為時代的背景音而存續的作品—即使處支配地位的當下與之格格不入。

以上14個對經典的詮釋，歸納有三個方向定義經典，（一）以讀者觀點出發，重讀、重複讀來都是重啟讀者靈魂，建構第一次看不到的價值縫隙觀點；分享他人觀點，價值無任何磨損；任何人接觸經典後，都會在記憶之深河留下暗流，且在某日的日常機緣再現，有新刺激新發現，甚至是相見恨晚的喜悅感；（二）從經典名氣光環觀點，隨時間不斷增加光輝；

當時爭議過去，塵埃落定，正向與負向的張力拉扯，經典仍是獨樹一幟、歷久彌新，爭議是最後化作任何嗡嗡背景聲；也有閱讀前早已耳聞，果然名不虛傳、獨具創意。（三）從時間性而言，經典是永恆的，無遠弗屆。簡言之，卡爾維諾從時間、名氣和對讀者來定義經典。

綜上，無論從古文字義或現代載體載具，或以時間和讀者角度界定詮釋經典，都指向經典讀者須從閱讀過程開挖和打造靈魂的隧道，通向更深邃的心靈，經典就是如斯獨特的藝術瑰寶，啟發思想，對人生和社會具有指導作用，同時永無止盡且獨具創意影響讀者。

1-2 經典classics與時尚flasion

《時尚的誕生》[4]提及：「從衣服的設計師立場，以『穿』衣服的時尚角度出發，除了當時讓他人接受自己的風格外，進而對造成巨大影響，當時的時尚fashion就是成就後來的經典classic，今日的經典classic其實是過去時尚fashion。」

將這觀點用來看古典的《紅樓夢》、《水滸傳》、《西遊記》、《三國演義》等確實是當時說話人流傳極廣的底本或是民間流行傳抄本，印刷術發明後有大量刻本，當時都是民間傳抄流行閱讀文本或說書熱潮底本，在印刷術發明後才有大量刻本，流通在世間，爾後隨著時間漸漸站穩經典位置；內容有對繁華世間大起大落或正義犯上或冒險取經等等，對讀者拋下生命的安定錨和心靈啟迪，成就經典的魅力與力量。

---

4 《時尚的誕生》，姜旻枝著，李佩諭譯，台北：大田，2012/10。

　　過去未強調文創產業，日常生活都是文化進行式，經典也自然而然隨在上課或戲劇教化在民間推廣；今日科技文明進步，政府又重視文創，資金挹注，我們除了挖掘古典經典細微處，寓教於樂，價值改變和人性反思，經典可以從不同形式變時尚；同時也掌握社會脈動，傳統倫理價值的反思等流行議題（fashion），創造現代經典（classics），我們觀察到影視作品在首播後引起流行話題及相關跟討論風潮，然後隔一段時日重播，隨時間流逝漸漸穩站經典之階，時尚轉身走向經典。

　　今日文創，吾人以提升文化和美感教育為目標。不管是流行某種主義或思潮，莫名機緣際會可能淬鍊成經典；為吸引不同世代，經典也可能重新包裝設計，成為流行時尚話題。不管如何，經典能使觀者在起內在的能量變化，對宇宙或自我生命有更深的認識，提升文化修養和心靈美感。

1-3　村上春樹「翻譯賞味期限論」

　　現在的經典是過去的時尚；現在的時尚是未來的經典。這過程是時間與文字的魔力。經典能穿越時空，在於文字的神奇力量能與後人無礙的溝通。文字如服裝也是流行，同時布料，褪流行的服裝式樣走在路上有過時感，文字也一樣，陳腔爛調，僵化的文字，讀起來是索然無味，提不起勁。

　　村上春樹曾提及翻譯賞味期限論：「就算原來是好譯本，也可能因為時代久遠，與當代讀者脫節，需要有新的譯本服務新時代的讀者。……翻譯作品的文本就像建築物一樣，屋齡超過三十年時就該修一修，超過五十年可能需要重建了。況且如今的語語文法不斷推陳出新，新時代讀者對於老舊的字詞較為

生疏，都需要翻譯版本。」

　　村上春樹的觀點對國外的經典尤其重要。文字的重譯是經典再次重新面對讀者做最好的姿態。所以外國經典作品盡可能和原著國家同一時期翻譯出版，若舊版譯作的文字隨社會變化而陳舊，過了文字的「賞味期限」，就須重譯。以村上春樹《挪威的森林》[5]為例，譯者賴明珠修訂，譯文經再版而作修改比較：

　　a1飛機著陸之後，禁菸的標幟燈消失，從天花板開始播出
　　輕聲的BGM（背景音樂）。（1997舊版，頁7）
　　a2飛機著陸之後，禁菸燈號熄滅，天花板的揚聲器開始輕
　　聲播出背景音樂。（2003新版上冊，頁8）

　　有些譯本是不同人，因時間久遠，再版，新譯者與舊譯比較，發現新舊版也呈現不同年代的氛圍和用字現象。以Thomas Mann（托瑪斯・曼）的《魂斷威尼斯》[6]為例：

　　b1這少年（阿森巴赫）反而受著寬大的撫愛與寵溺，他那
　　美麗的頭髮上有夾子防護，額上的頭髮像「拔著刺的少
　　年」的雕像一樣鬢在耳邊和頭上，他穿的是英國水手的制
　　服，寬鬆的衣袖上大下小，緊緊地圈著瘦小的雙手，他那

---

5 張明敏，《挪威的森林》的台灣翻譯版本－聯合文學－UDN城市2009/10/28，http://city.udn.com/78/3668293#ixzz53n2fJA6L（參閱日期：2018/01/10），同是台北：時報文化，舊版指1997/06/10，新版指《挪威的森林》（上）＋（下）2003/10/31。譯者：賴明珠。

6 b1為宣誠譯，台北：志文。1972/10；b2為姬健梅譯，台北：漫步文化。2012/10/03。

還是小孩般靈巧的衣肘上，有著豐富的與奢侈的繡花和裝飾，給人一種富麗而奢侈的印象。（頁57）

b2他整個人顯然是由柔軟和溫柔來支配。別人不敢在他美麗的頭髮上動剪刀，一如「拔刺的男孩」那座雕像，他的鬈髮覆在額頭上、耳朵上，在後頸垂得更低。那套英國式的水手服，蓬起的衣袖往下收窄，剛好圈住雙手的纖細關節，那雙手還很孩子氣，但很修長。衣服上的細繩、蝴蝶結和刺繡讓這柔弱的身形流露出一種富裕和受寵的氣質。（頁55）

　　a1、a2可看到物體名稱「標幟燈」與「燈號」差異；b1彷彿有翻譯字面意味，b2意譯，流暢度比較像小說敘述。其實是為了使經典重新再版，以青春之姿變身吸睛，而重譯為符合時代潮流的文字口吻，吸引不同年齡的人與它溝通，傳達更細緻更精準的內容。

　　除了外國作品的譯文，我們若想將經典的對象普及化推向大眾，兼顧不同層次接受的能力，通俗化與圖像化、影像化，將文本形式作適當的整型變身，或者經典的載體（實體書和電子書）作調整，都是為了承載的最大意義與價值，推廣經典知識與思想。以水滸傳為例：

對象	形式與版本
兒童	改寫水滸傳或漫畫
青少年版	改寫水滸傳或漫畫

成人	金聖歎或全版的水滸傳
成人	電影，如林沖夜奔等
成人	電視劇
成人	其他型式：舞台劇、歌仔戲等

　　兒童或青少年版是為閱讀提供閱讀的冒險趣味，進而有機會閱讀原來的文本；為大人設計的經典閱讀為例，純綷以文字引領讀者的想像力有限，我們可以有不同形式接觸經典，如觀賞電影再接觸小說，「魂斷威尼斯」隨著電影而有小說出版，托瑪斯・曼（Thomas Mann）的《魂斷威尼斯》[7]有Thomas Mann一百週年紀念版為例，從志文版和漫步版，除了重新翻譯，用不同角度的專文導讀，紀大偉〈百年痴迷—托瑪斯曼的《魂斷威尼斯》〉，引導我們看到同志借光—形而上青春美，形而下同性戀；吳明益〈美是庸俗世界的威脅〉，「我這輩子最大的遺憾就是沒有為愛情而死。」—馬奎斯《愛的瘟疫蔓延時》，「美是庸俗世界的威脅」等等。還有書的微電影介紹，精裝裝幀，封面設計別出新裁，材質是藍白線條棉布，為少年在海灘上的悠閒服，翻開扉頁，巧妙的隱藏裏面就是故事主角所心儀的美少年。精裝書皮紙是以電影美少年人頭像，是時尚又經典的設計加上書的影響介紹而有時尚閱讀之感。當然書香須銅臭來加值價格從120元提高到280元。

　　服飾穿搭，在流行退潮後可能數年後以時尚角度重新設計樣式，傳統服飾加流行線條，再次優雅登場。經典文本，須重

7　《魂斷威尼斯》，姬健梅譯，台北：漫步文化，2012/10/03。

譯文字以符合時代潮流，若是直接再版，個人以為是版本的研究或收藏，不然在閱讀時，總有陳舊文字不適或卡卡的，當然能閱讀原版更好，不然賞味期已過的文本，重譯方能使文本有重現的魔力。

經典的賞味期無限，有待文創人在最佳時機擷取經典為根莖，時尚流行為枝葉，使人徜徉在虛實相間的青草地，心靈沐浴在時空情境與思考辯證的哲學風景。

1-4 現代人如何閱讀經典？
經典的忠實呈現與改編重現形式

在印刷不發達的年代有抄本流傳，印刷術發明後，文字翻譯等幫助流通與普及；但今日是數位與影視的年代，我們如何閱讀經典。

張愛玲在《流言》曾說：「像我們這樣生長在都市文化中的人，總是先看見海的圖畫，後看見海；先讀到愛情小說，後知道愛；我們對於生活的體會往往是第二輪的。」或許我們當下現況，是先看電影或電視後再回過頭來審視文本，科技進步，影視發達，導演藉文學改編，將經典適時帶面具和變身，兼顧不同層次接受的能力，娛樂和教育群眾，從影像時空所發生的事，引領大眾看到人生的價值和心靈自由與掙扎困頓狀態，觀眾心有所悟願意重拾文本當讀者，再次咀嚼文字承載的最大意義與價值，以達到我們要的目的——提升文化層次與美感教育。

經典改編，改編（adaption）的定義，通過變化或調整使之更合宜或適應的一種能力。改編有兩類，一種是外在形式的

改編，從小說到電影或電視或舞台劇等；一種則是內容做改編，可能是觀點轉移，如白蛇傳原是以白娘子為觀點，後《青蛇》小說以青青為觀點出發，後也拍成由張曼玉主演的電影「青蛇」；而李連杰主演的電影《白蛇傳說》則是以法海為觀點；或許未來有可能會以許宣觀點改編。當觀點改變，情節結構將隨之變更，將人性矛盾與掙扎作更恰當的呈現。

進行改編（toadapt）意味著從一種媒介改變成另一種媒介。雖是新瓶裝陳酒，無論內容忠於原著與否，從文本（書）到戲劇、電影等改編故事人物或故事結尾，形成另一種截然不同的形式創作。

依據原來的文本素材重新編寫電影劇本。從實質上講，還是在創作一個獨創的電影劇本，因為你必須以獨創的方式來思考。即小說改編成電影劇本，即從某種形式改變為另一種形式。

先談小說與劇本區別：小說用文字建構虛構空間，內容透過故事情節，使人物受外在環境與內在掙扎，心靈追尋改變的過程。而影視劇本用時空分場和人物的動作對白來演繹故事，追求綜合美學以畫面來呈現戲劇的故事線。

科技影響現代日常，我們閱讀經典，單純閱讀經典文本，可能只是「純文字」小眾；透過形式或內容改編重現，吸引不同群族，藉影像或數位技術呈現，目的是推廣經典，接觸經典，回到經典所帶給觀者和讀者，那份屬於個人獨具創意的在腦海建構時空情境與人物衝突和解，感受字裏行間的言外之意與心靈交會那份深邃、出乎意外的智慧光亮。

1-5　文創人如何設計與應用經典？

　　文化創意產業[8]，顧名思義，「為結合了文化及創意的產業」。「文化」一詞有許多不同定義。廣義來說，泛指在一個社會中共同生活的人們，擁有相近的生活習慣、風俗民情，以及信仰等；狹義的來說，即是指「藝術」，是一種經由人們創造出來新型態的產物。不論就狹義或廣義的文化而言，「文化創意」即是在既有存在的文化中，加入每個國家、族群、個人等創意，賦予文化新的風貌與價值。

　　根據中華民國〈文化創意產業發展法〉所頒布的定義：「文化創意產業，指源自創意或文化積累，透過智慧財產之形成及運用，具有創造財富與就業機會之潛力，並促進全民美學素養，使國民生活環境提升之下列產業：一、視覺藝術產業。二、音樂及表演藝術產業。三、文化資產應用及展演設施產業。四、工藝產業。五、電影產業。六、廣播電視產業。七、出版產業。八、廣告產業。九、產品設計產業。十、視覺傳達設計產業。十一、設計品牌時尚產業。十二、建築設計產業。十三、數位內容產業。十四、創意生活產業。十五、流行音樂及文化內容產業。十六、其他經中央主管機關指定之產業。前項各款產業內容及範圍，由中央主管機關會商中央目的事業主管機關定之。」

　　台灣的文化創意產業範圍包括：包括文化部和經濟部主辦：

8　摘自維基百科，或稱文化及創意產業（英文：Cultural and Creative Industry，或The Cultural and Creative Industries），簡稱文創產業。

文化部主辦	經濟部主辦
視覺藝術產業	廣告產業
音樂與表演藝術產業	產品設計產業
文化展演設施產業	設計品牌時尚產業
工藝產業	建築設計產業
電影產業	創意生活產業
廣播電視產業	數位休閒娛樂產業
出版產業	

　　文創人以文化為底蘊，創意生活為出發，從經典尋找創意或挖掘文本，在視覺藝術、音樂與表演等等，讀者閱讀或觀眾觀賞都是視覺藝術和聽覺音樂直抵心靈深處，都是以提升文化與美感為目的。

　　文化[9]在西方的定義，西塞羅（西元前106-前43）定義，原意是「靈魂的培養」，為人類生活相關的知識或經驗，以適應自然周圍環境，「由一群共同生活在相同自然環境及經濟生產方式所形成的一種約定俗成潛意識的外在表現。」

　　「文化」有各種各樣的定義，其中之一的意義是「相互通過學習人類思想與行為的精華來達到完美」；廣義的文化包括文字、語言、建築、飲食、工具、技能、知識、習俗、藝術等。大致上可以用一個民族的生活形式來指稱它的文化。在中國，「文化」《周易・賁卦》：「觀乎天文，以察時變；觀乎

9　摘自維基百科https://zh.wikipedia.org/wiki/%E6%96%87%E5%8C%96。

人文，以化成天下。」；象辭講「剛柔交錯，天文也；文明以上，人文也。」人文是為人生服務，為彰顯精神意義。而教化，是指人群精神活動和物質活動的共同規範，同時這一規範在精神活動和物質活動的對象化成果中得到體現，即指共同規範產生、傳承、傳播及得到認同的過程和手段。

所以文化是人文教化，人文社會相對於自然社會，人文社會表現有物質文化、制度文化和精神文化等精神領域範疇。所以梁啟超解釋為「文化者，人類心所能開釋出來之有價值的共業也。」

而漢寶德《文化與文創》[10]對文化的定義，狹義文化－相對於精緻文化的定義：(1)一種教養，(2)一種品位，(3)詩文創作與欣賞，(4)藝術創作與欣賞；而就廣義文化來說：(1)現代文明社會，(2)現代人的記憶與懷念，(3)地方的生產方式與產品，(4)地方慶典活動，(5)少數民族文化，(6)現代生活通俗文化。「文創應深入生活的美感體驗。文創應該是一種提升文化水準的手段，將生活中所必需的文化產品，向精神價值方面開發」。即「美感教育的普及化。」

經典教育是屬狹義精緻文化，文創人如何設計與應用經典？

(1)影像結合文本

文字建構的虛擬世界與影像建構虛擬世界，皆以作者或導演想傳達的真實為目標。但由場景場景連綴組合成的影像虛擬世界，人經由視覺進入記憶，加上自身生活經驗，提供娛樂之餘的心靈成長；文本的改編有助於對經典的推廣和認識。尤其電影是綜合藝術，在《牛津簡明英漢雙解辭典》對經典的解釋

---

10 《文化與文創》，台北：聯經出版，2014/10/03。

是「文學與音樂達到的最高境界」。小說是文字的有聲世界，影像若沒聲音，無法使虛構空間立體化，所以音樂很重要。

以托瑪斯‧曼（ThomasMann）《魂斷威尼斯》為例，《魂斷威尼斯》電影改編自小說。小說中，作者敘述阿申巴赫見到達秋的畫面，是男同志內在暗戀？或是作者以虛構故事，傳達美本身是感官而非理性的，甚至耽溺美，會使人窒息。

小說原文：「達秋穿了一件深藍色的水手外套，鑲有金色的鈕扣，頭上戴著一頂相稱的帽子。陽光和海風不曾把他曬黑，他的膚色仍舊是起初那種大理石般的淡黃；不過，今天他顯得比平常更蒼白，也許是由於涼意，或是由於那宛如月光的燈光具有漂白作用。他勻稱的眉毛顯得更鮮明，眼睛更加深邃。他的美非言語所能述說，阿巴申赫痛苦地感覺到語言只能讚美這種感官之美，卻無法將之重現，他有這種感覺已經不止一次。（頁102）」[11]

維斯康提（1900-1974）導演在詮釋阿申巴赫被美少男吸引，配樂用「馬勒第五號交響曲第四樂章小慢板第三號」，傳達暗戀海岸邊的美少年，是愛情在生命中不可逃脫感嘆；表現纏綿悱惻情感，引人低迴不已。

文本與影像結合，從無聲的文字轉而為有聲立體的時空，音樂觸動人心是最大的功臣，所以經典是文學與音樂的最高境界（見前1-1.2《牛津向明英漢雙解辭典》解釋）。陳年的經典，如百年老屋，想重現精神，與影像結合是最好的方式。

(2)經典設計與選擇

經典的招牌數不清，挖掘、改編，文創人如何設計與選擇經典，不是炒冷飯，而是捕捉時代的氛圍，符合時代的課題，

---

11 《魂斷威尼斯》，姬健梅譯，台北：漫步文化，2012/10/03。

引導人們思索時代課題。

如《白蛇傳》，從「青魚」到「青蛇」，從黃梅調到電影青蛇到白蛇傳說，主題從階級到同志議題到包容尊重，隨著時代變遷衍生不同的課題，導演藉故事提出自己的社會觀察，觀眾從不同故事角度，衝擊你我內在生命思考，在視聽娛樂獲得精神啟發。

本書選擇的案例分析，雖以經典畫作為主，但畫作的故事想像，改編電影或科技動態策展，都有助於文創人作選擇時的參考，結合時代氛圍或科技創新應用等，而有新發現。

現在經典是過去的時尚，現在的時尚是未來的經典。志在文化產業，無論是作家或畫家藝術家等，期待我們創造符合時代思維的新作品，表現當代的生命樣態，創造當代經典。

近來台灣小說楊富閔《花甲男孩轉大人》改編成同名電視劇《花甲男孩轉大人》，後又再改編為電影《花甲大人轉男孩》；另吳明益《天橋上的魔術師》改編，也準備開拍；優質文本以影像方式呈現，相信有越來越多人認識戲劇後回頭重新認識文本；雖然腦海畫面先塑造，但內涵詮釋隨一齣齣戲，經典在熠熠發光。

台灣沒有讀劇本的習慣，所以不錯的迴響的戲劇，先有影像作品而有電視小說，流行話題或娛樂角度，收視的產值推進一層商業價值，電視到電影；再次洗滌心靈雜質和提升層次，生命灰暗重新鼓舞，皆是奠定通往未來經典之彼岸。

至於經典主題應用和策展與設計文創商品。將在各章談及。

【小作業】

1. 請分享你曾閱讀或觀賞二次以上的經典文學或影視作品名稱。

2. 請聆聽馬勒第三、四、五號交響曲，分享心得。

【參考資料】

《靈魂的領地：國民散文讀本》，凌性傑、楊佳嫻編著，台北：麥田。2013/04。

《魂斷威尼斯》，托瑪斯・曼（Thomas Mann）著，姬健梅譯，台北：漫步文化，2012/10/03。

《文化與文創》，漢寶德著，台北：聯經出版，2014/10/03。

《時尚的誕生》，姜旻枝著，李佩諭譯，台北：大田，2012/10。

|N|O|T|E|

單元 **2**

與〈戴珍珠耳環的少女〉對話，女性自我成長的心靈

● 學習目標

知識：瞭解女性議題的經典作品，作者創作的過程與相關主題。

技能：賞析經典畫作，想像女性成長的主題故事，培養知性邏輯的分析能力，增進表達技巧，學習應用跨領域的文化探討。

情意：經典如何影響人的思想和行為，瞭解女性在社會價值，女性心靈的成長，自主與自信。

態度：自學與謙卑，縝密與體貼，團隊配合與無懈合作的態度。

● 學習重點

2-1 能說出維梅爾畫作〈戴珍珠耳環的女孩〉作者生平經歷與創作？

2-2 崔西・雪佛蘭《戴珍珠耳環的女孩》故事的發想、主題與特色。

2-3 分析《戴珍珠耳環的女孩》小說改編電影。

2-4 以女性意識為主的小說改編成影視作品之比較。

2-5 文化創意產業應用，主題策展與文創經典企畫策展的設計。

2-1 能說出維梅爾畫作〈戴珍珠耳環的女孩〉作者生平經歷與創作

請先觀察：荷蘭畫家維梅爾（Johannes Vermeer, 1632-1675）於1665年畫的〈戴珍珠耳環的少女〉。

這幅畫被評論為「北方的蒙娜麗莎」，或「荷蘭的蒙娜麗莎」。

這位畫家是楊‧維梅爾（Jan Vermeer或Johannes Vermeer）距離現今約340多年，他是1632年生，卒於1675年。曠世畫作與生前聲名都無法成正比的畫家。

對維梅爾的畫，梵谷曾評價：「這位奇怪畫家的調色盤總是能協調藍色、檸檬黃、珍珠灰和黑白，所以我們很難找到一幅畫是整體使用同一色系的，但維梅爾的畫卻能夠融合藍色、檸檬黃、明亮和灰色，就像在維拉斯奎茲能夠和諧用黑、白、灰色和粉色一樣。荷蘭人缺乏想像和幻想，但他們在品味和搭配方面卻是獨一無二的。」[1]高明的用色技術奠定他為荷蘭黃金時代最偉大的畫家之一。後來在西班牙的統治下因商貿崛起，在尋求獨立與西班牙長達80年的爭戰中漸漸強大，後與英國30年爭戰後才沒落。

台夫特（Delft）是梅維爾的故鄉，位於荷蘭西南部、臨近北海的小鎮，他在小鎮渡過短暫的一生。小說文本、電影場景，還有「珍珠之光──透視維梅爾」策展都是以台夫特為背景。

梅維爾的生平──在他二十歲，父親去世，繼承小旅館和畫商生意。次年娶卡特琳娜為妻，入贅妻家，作畫生涯從此開

---

1 摘自《如何看懂一幅畫》，（法）法蘭絲瓦‧芭柏‧嘉勒。台北：閣林文創。2015.02。頁79。選自梵谷1887年至艾米爾伯納德的信。

始。

　　當時荷蘭是商貿國家，畫作被視作商品，畫歷史和宗教題材，裝飾居室附庸風雅；但維梅爾後來畫的風俗和肖像畫，拉近了作品與民眾欣賞的距離，引起興趣和共鳴。肖像畫中的人物特寫，貴婦、僕人、市井小民，酒鬼等都有；風俗畫題材多樣，以捕捉生活樣貌，貴族婦女梳妝打扮、讀書寫信到編織蕾絲花邊、做家務勞動簡樸畫面溫馨、舒適、充滿生活氣息，迎合各階層的審美情趣。

　　除了調色特殊外，從繪畫技巧看，維梅爾光線的處理被稱為光影大師。以微小的畫點組合（點畫法），結合光線的來源，使畫面產生一種流動、優雅的氣氛，人們推測他使用了暗箱技術（Camera Obscura），用以捕捉光線和色彩。有人參證因為當時荷蘭著名的科學家列文虎克是維梅爾的好友，此人精通顯微鏡和光學透視，維梅爾從他那裏學到了這門技術。光線下各種織物陳設厚重沉穩，質感凸顯，生動盎然，畫作有靜止的時空感。尤其到十九世紀中期，寫實主義畫風流行，人們重新審視維梅爾的畫作，發現它們是那樣的真實，光影真實到如同光學相機拍攝的照片。

　　回到現實生活，維梅爾作畫約半年到一、二年才完成一幅，又生養十四位孩子，夭折三位，生活困頓，晚年窮困潦倒，1675年12月與世長辭，留下三十五幅作品。「龐大家庭的重負，沒有謀生手段，使他陷入萎靡和沮喪，進而譫妄[2]，好

2　譫妄（英語：delirium）是一種急性發作的症候群，特徵主要為意識清醒程度降低、注意力變差、失去定向感、情緒激動或呆滯、睡眠—清醒週期混亂、有時清醒有時又變得昏睡，常常伴隨著妄想等；病情起伏不定，時好時壞。以上資料參考自維基https://zh.wikipedia.org/wiki/%E8%AD%AB%E5%A6%84（參閱日期2018/01/15）。

端端的人一、兩天之內就突然病死。」太太這麼形容。我們從中得到訊息是，生活壓力，經濟崩潰，壓倒畫家生活和才華，留下大筆的債和遺憾。而當時的荷蘭也因戰爭耗盡元氣，國運漸漸衰落。

綜上，維梅爾後來風俗和肖像畫作很「親民」，還有以光學透視為技術的「擬真」，是維梅爾之所以為維梅爾的原因。而如何找尋親民的題材，和用更現代的數位技術達來達成推廣經典教育，是吾人必須努力的。

2-2 崔西．雪佛蘭《戴珍珠耳環的女孩》故事的發想，主題與特色

「肖像畫要呈現肖像者的心靈與人格狀態。」陳景容對肖像畫的藝術境界有這樣的詮釋。

我們觀賞肖像畫要有這樣的認識，而維梅爾〈戴珍珠耳環的少女〉之所以為稱為「荷蘭的蒙娜麗莎」在於背景是神秘之黑？我們想探尋的？

審視〈戴珍珠耳環的女孩〉畫作，那回眸，朱唇微啟，欲言又止，美目盼兮與銀閃閃的珍珠輝映，將觀眾視覺停留熠熠生輝的珍珠耳環上，醒目又迷離。似乎有情感傳達，想跟我們說什麼，神祕之黑的背後的故事想像。

這位少女身著樸素的棕色外套，潔白的衣領、天青藍包覆額上，接著檸檬色垂下，白色滾邊的頭巾，這藍與黃、白和諧的色調，這少女的身份是什麼？為何配配戴的珍珠？

珍珠耳環是當時上流社會富貴的象徵。珍珠「象徵精神和外在的完美，又象徵處女的純潔，生在牡蠣之中，珍珠的光滑

圓潤和美麗。[3]」畫中少女回眸的眼光含蘊內心質地象徵，或許有些真實的情愫被傳神的畫筆敏感地捕捉，我們才會有如斯定格感受的瞬間。

崔西・雪佛蘭（Tracy Chevalier）創作《戴珍珠耳環的女孩》[4]小說，在TED標題為「崔西・雪佛藍：名畫背後的故事」[5]提及她如何在畫廊發現與心靈對眼畫作的經驗。

面對畫作創作文本。作者以5W2H來發想故事。我們若想以畫作來傳達畫家或肖像畫的心靈，這方式提供人物的動機和故事的時空情境。

5W2H	發想內容
Who	女孩是誰？身分？與畫家的關係？
Why	為什麼進畫家家裡？有什麼事？
When	何時進畫家家？這幅畫完成時間？畫家從何時開始構思想畫這樣的肖像畫？女孩何時能回家？
Where	女孩的家在哪？畫室位在哪？
What	畫家構思肖像畫目的？
How	女孩的酬勞多少？這幅畫若是委製多少錢？
What Happen	女孩與畫家之間有什麼事？

3　《如何看懂一幅畫》，（法）法蘭絲瓦・芭柏・嘉勒。台北：閣林文創。2015/02。頁79。

4　崔西・雪佛蘭（Tracy Chevalier）著，李佳珊譯，台北：皇冠文化，2003。初版。

5　https://www.ted.com/talks/tracy_chevalier_finding_the_story_inside_the_painting?language=zh-tw（參閱日期：2018/01/19）。

作者先自我提問，女孩如何進入畫家的家裡？什麼身分進去？進去做什麼？作者設定女孩是女傭，有藝術天分的女傭。因經濟壓力到畫家幫傭，維梅爾家孩子眾多，須用傭人也是現實考量，既是打掃，在畫室，如何引起畫家注意？在畫室，窗戶的明暗？還有桌椅哪些地方可動？哪些不能動？這些細節引起畫家注意，他們之間可能發生什麼事？而畫家與妻子與女傭，各有其處境，珍珠是誰的？這深海泡沫洗滌的微物，小說家如何賦予意義？作者從這些基礎發展情節，漸漸揭示如神祕之黑的想像故事。

作者到底要說怎麼樣的主題故事？這故事有現實的局限，即維梅爾的生活困頓，而這畫作與畫家關係？故事敘述者是誰？

關於敘述者，即對故事觀察的視角。一般可分為全知觀點，主角或配角或其他視角。分類如圖：

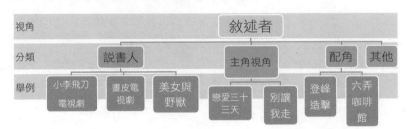

全知觀點，如中國章回體小說說書人觀點，段彩華《清明上河圖》用說書人的口吻，影視作品中《小李飛刀》、《畫皮》、《美女與野獸》等講故事的人。以主角為敘述者有小說《戴珍珠耳環的女孩》、馬伯庸《古董局中局02：清明上河圖之謎》，電影《失戀33天》、《別讓我走》等，敘述者均是女主角。而《登峰造擊》和《六弄咖啡館》電影的敘述者都是配角。夏目漱石《貓》小說的敘述視角是一隻貓。

故事雖是以維梅爾完成〈戴珍珠耳環的女孩〉畫作為主

軸，與女孩有何關係？故事的敘述者是誰？即敘述者的視角，關係如何看待畫家？是如何看待畫家的世界等。

　　作者先釐清後，設計情節，為這幅畫創作《戴珍珠耳環的女孩》的小說文本。但作者的小說主題的宇宙人生哲學課題是可無限發揮，藉當時荷蘭的文化歷史背景，習俗，食衣住行育樂等，使我們瞭解當時人類生活與文化價值。

　　作家如何發掘主題？

　　故事都是虛構，但虛構的故事，應用現實曾存在時空或架空的時空，用文字建構時空，尤其是現實曾存在過的時空，須考據其文化的真實性，以貼近真實。主題是小說家想表現看法，這樣卑微的女孩在人性尊嚴與現實世界際遇的抉擇。

　　在小說情節中，女主角有與男主人畫家默契、畸戀，惺惺相惜，被太太和女兒誤解，被富商糾纏，男友誤解的情傷。男主人完成畫作後，愛情留在人物畫的回眸裡，為藝術的代價，雖有遺憾，相愛之人不能在一起，也無須努力在一起，傳世之作完成，葛里葉遠離，走到運河廣場，如何選擇愛情或成為豬肉攤太太。最終女主角選擇自尊與成長。小說中「珍珠」的象徵，透過女主角葛里葉的遭遇，自我本質的內涵透出來。

小說大綱：女傭當畫家模特兒的故事。

敘述者：女傭

小說人物：
男主角──畫家維梅爾，女主角──女傭葛里葉
配角，畫家妻，畫家女兒等，岳母，上流社會代理商。女傭父，女傭母，女傭弟，女傭男友。

地點：荷蘭　台夫特　運河

時間：十七世紀

事件：工廠炸毀

結構：第一章1664；第二章1665；第三章1666；第四章1676

我們欣賞文本的文字：

A、關係時空場景：「我們看到一幅畫畫著台夫特的風景，從鹿特丹和席丹城門的方向看出去。畫中的天空佔了好大一部份，陽光照著其中幾棟房子。……顏料中混了沙子，使磚牆和屋頂看起來有粗糙的感覺，水面上有長長的倒影，幾個小小的人站在河岸邊，離我們最近。」（頁110）

B、食衣住行等：

瑪麗亞·辛特別訂了羊肉、小牛肉、牛舌頭、一支全豬，還有野兔、雉雞、閹雞和牡蠣、龍蝦、魚子醬以及鯡魚，她還訂了甜酒和最上等的麥酒，她還向麵包師傅訂了特別烘焙的甜點蛋糕。（頁98）

我很同情他，因此只要有辦法我就會從坦妮基的廚房裡偷拿一些點心給他——醃櫻桃、杏子乾、一條冷香腸，有一次是我在卡薩琳娜的櫥櫃裡找到的一把乾玫瑰花瓣。（頁108）

我換上另一件連身衣裙，繫上乾淨的圍裙，以及一頂才漿過的包巾。我仍然依照老方法帶著包巾，或許我看起來和第一天外出去幫傭的樣子相差不遠，只不過如今我的眼睛不再明亮而純真。（頁262）

C、〈戴珍珠耳環的女孩〉畫作的情節如下：

「先生，您要把我畫成什麼？」

「我要畫我第一次見到你的樣子，葛里葉，單單只是你。」

「看出窗外」他說。

「現在慢慢朝我轉過頭來。不對，不是肩膀，身體朝向窗戶不要動，只轉你的頭。慢慢地，慢慢地，停。再一點，就是這樣——停。現在坐著不要動。」

新教教堂的鐘敲了兩響。……

……我拿黃色的布在頭上繞啊繞，包住整個頭頂，再用藍布圍著額頭綁緊。我把多出來的布頭塞近一冊的摺縫中，稍微調整一下，拉平繞在前額的藍布，然後跨步回到畫室裡。……

我擺好之前坐著的姿勢，然後轉頭從我的左肩望出去，他正好抬起頭來，就在這個時候黃布的尾端鬆了開來，落在我的肩膀上。

「好，」然後他說，「就這樣，葛里葉。就這樣。」（頁214）

當我發現畫中缺少的物品時，我打了一個冷顫——他需要有閃亮的一點來抓住目光。

「我辦不到您要我做的事。我不能戴，女傭不配戴珍珠的。」

「你應該知道，」他喃喃地說，「這幅畫需要那一點，需要珍珠耳環反射的亮光，不然它無法完成。」……（頁227）

在閱讀以上引文，可以與維梅爾的畫作對照看，我們能欣

賞作者如何將畫作巧妙融入在文字敘述設計。用文字重新建構台夫特的氛圍，貧窮的葛里葉女主角不得不到畫家幫傭，展現藝術天分，畫家與女主角情愫，上流社會的壓迫，最終選擇嫁給豬肉商小伙子，畫家為她畫上穿華服與配珍珠，思索作者想要傳達的內容，欣賞史實與十七世紀荷蘭肖像畫的戲劇想像。

綜上，小說發想以5W2H；主題為現代仍不斷在討論的女性成長課題；特色是用文字和影像重建時空，考據當時生活日常與思維，使人感受當時主角的困境與抉擇。

2-3 分析《戴珍珠耳環的女孩》小說改編電影

文學是虛構，透過虛構載體，看到真實，呼應自我生命，同時滋養生命，如甘霖，或如電影開頭葛莉葉的在切菜，依顏色排列，一道豐富心靈糧食。

以美感教育為目的的人文精神提升，經典畫作可以是導覽畫作，與欣賞者做視覺與心靈、意識的交流相遇，但總不如化作故事的姿態向讀者「永無止盡」的訴說深遠。

《戴珍珠耳環的少女》電影，改編自同名小說，電影主題與敘述《戴珍珠耳環的少女》電影，改編自同名小說，電影主題與敘述與原作劇情沒有差異太大。試想有沒有可能敘述者不是葛里葉而是維梅爾或其他人？那主題可能大不相同。在電影，我們透過視覺，走進十七世紀荷蘭時空，跟著主角經歷，畫家為何畫女傭不畫太太，從擦窗戶態度可見，太太沒半點藝術天分，女傭的性格與處境，畫家維梅爾性格與處境，透過電影劇情，將人物性格與遭遇，外在處境與內在靈魂矛盾與衝突；隨著劇情與音樂，感動我們，使我們瞭解並同情主角境

遇；同時隨著電影落幕，故事釋放文學能量，暗示觀眾內在生命的共鳴，未來往哪個方向走，創造生活的智慧。

曾昭旭教授曾解析電影的主題[6]，用《論語·雍也》詮釋：「子曰：質勝文則野，文勝質則史，文質彬彬，然後君子。[7]」意思是說：「質樸勝過了文飾便成粗野，文飾勝過了質樸則成虛浮，質樸和文飾比例恰如其份，然後才可配稱君子。」本來是用來說文章修辭，然而從文化角度，質是人類樸素的本質，文則指文化的累積；「質勝文則野」就是指人保有質樸，沒有文化，就會像原始人一樣粗野、落後。「文勝質則史」就是指文化禮節過度就會失去原來樸素的本質。所以文化發展須與人的本質相諧相調，才是「文質彬彬」的君子。導演表現畫家為葛里葉女傭穿華服與配珍珠作畫，正是自我（人性的尊嚴）與現實世界（生存）掙扎的反應，龐大的屋簷下，自我不得低頭，女性的際遇無法掌控，但自我可以選擇，透過葛里葉象徵出來，自我的卑微與上流社會的假象對照呈現。

是故電影導演抓住珍珠的意象，成就創作的靈感，為畫作人物內在高貴靈魂設計，與珍珠的光澤相輝映。到底其用意是否有這樣的意識流動？不知道，但這樣解讀中肯。

台灣文創產業，以美感為任務，經典的推廣與設計，尤其是化為故事文本，產生影視作品。以目前維梅爾畫作電影，除了《戴珍珠耳環的少女》外，另有〈穿風信子藍的少女〉（其

---

6 戴珍珠耳環的少女（Girl with a Pearl Earring）解析—曾昭旭談電影06。摘自https://www.youtube.com/watch?v=nG1fIdY14QE（參閱日期：2018/01/18）

7 質：質樸。文：文飾、文采。史：虛浮不實，古時掌文書者難免流於歌功頌德，誇飾失實。彬彬：兩物相雜而適中，即兩物能取得平衡的樣子。

電影主題在3-3有討論）。其他畫作電影多是作者本身生活故事，如《梵谷：畫語人生》、《卡拉瓦喬》、《愛德華‧蒙克》、《達利和他的情人》、《忘情畢卡索》、《草間彌生之最愛》、《筆姬別戀》、《花落花開》等。

2-4 以女性意識為主的小說改編成影視作品之比較

經典名畫，透過想像，用文字建構虛擬世界，我們看到女性抒寫女人成長奮鬥的小說，在男尊女卑的時代，女性是多麼有韌性，異常努力在與權威抗衡，活出自己生命的樣貌。若以女性意識的覺醒和推廣美學教育，這樣的作品值得重視和討論。崔西‧雪佛蘭《戴珍珠耳環的女孩》改編同名電影、電視劇《新丁花開》改編方梓《來去花蓮》，日劇「澪之料理帖」改編高田郁《澪之料理帖》同名小說，三者影視作品比較，我們看到不同國籍，不同文化和社會環境對女性限制與女性成長，即近代潮流與傳統價值的消長，女性意識漸漸被看見。

作者與書名	小說時空	改編與故事
崔西‧雪佛蘭《戴珍珠耳環的女孩》	十七世紀荷蘭台夫特	同名電影。描寫女性葛里葉女性自覺自我抉擇的故事。
高田郁《澪之料理帖》1-10冊（原名：みをつくし窯シリーズ）	日本江戶時代	日劇，2012年及2014年改編。描寫女性澪的奮鬥故事女性自覺。

方梓 《來去花蓮港》[11]	台灣日治到民國 七〇年	客家電視劇《新丁花開》。 描寫女性在大時代追求幸 福的觀點與自覺。

　　我們摘錄《澪之料理帖》小說文本欣賞：

A、阿蕗再次淚眼汪汪。澪用掌心為他拭去淚水，一邊低聲說：「對了，阿蕗聽過陰膳嗎？就是為祈求離家在外的家人平安，每天吃飯時為他們供飯。我們也來為健仔供飯吧！」

沒有特別規定供飯的內容，譬如家人吃什麼就供什麼，那位離家在外的人就能平安無事，不會挨餓。澪告訴阿蕗。（頁219）

B、誰叫你是女子，在江戶，女廚子本身就會受到矚目，受到矚目雖有好處，但難辛之處更多，會到嫉妒與反感，這或許是我們不曾意識到的。……女人做的料理，再好，也是家常菜，女人會有月事，做出來的料理……（頁101）

　　註：橋段A、B，我們看到江戶時代的習俗和想法。女人意識抬頭要以自身努力突破思維，女性主義遍地開花，以政策和教育、文學作品教育的女子，也教育人們以女性為課題的影響作品深遠的影響砥礪著女性朋友。

2-5 文化創意產業應用，
主題策展與文創經典企畫策展的設計

以〈戴珍珠耳環的少女〉經典名畫，賞析構圖或色彩的表現，為藝術一環；延伸到文本創作，以名畫為創作靈感，文字建構新奇的想像時空，接著影像改編，以女性成長為主題以符合時代潮流改編。而這樣的延伸，帶來不同驚奇效果。「跨界合作的關鍵，是兩個文本間相互對話、照耀，互為彼此『延伸閱讀』，才走得長遠。」經典光環能再延伸，也是經典變身的效益。文化創意產業應用範圍甚廣（見1-5「文創人如何設計與應用經典」單元），目的在提升文化與美感，因應不同對象而有不同做法。

以經典畫作為媒介，美感為目的，推廣應用可能適用的以對象來觀察，關係表如下：

經典畫作應用	對象
小說故事	開發不同類型主題的文本，作者或時代悲歡離合，或考據推理懸疑等，滿足喜歡文字閱讀的讀者。
改編影像（電影或動畫）	喜歡以影像為娛樂的公眾（大人和小孩）
策展（含互動或手作）	喜歡實地走訪參觀藝文活動為娛樂的公眾（大人和小孩）
科技應用：動態或AR、VR	E化世代年輕族群
創作靈感	繪圖、MV等影像創作者、歌詞、歌手

在前面我們談及畫作杜撰故事與改編影像等課題，以下經

典名畫為主題的策展。策展人過去是博物館自行規劃，但在商業與資訊發達的世代，策展目的除了有商業目的，還是要引導觀眾進入美感的藝術情境，體驗與探索審美經驗。

維梅爾特展，在台北中正紀念堂與高雄科博館有重複策展，加上特展不是跨海來台的原作，而是複製畫，利用印刷技術仿真。對許多人想目睹真跡筆觸，都覺得有遺珠之憾。但像杜象推崇藝術品複製，反而對標註價格「原作」反感。但就文創目的而言，臨時空間的展場，不是精英式教育，想要目睹真跡，只好搭飛機前往荷蘭和世界其他美術館，我們如何看待維梅爾特展，筆者引「通過觀看和藝術在一起」、「相伴藝術，足矣。」

筆者發現在維梅爾的畫作策展，其精心布置與傳統畫作策展有所區別。

一是空間布署。在入口動線設計有落地布幕輪播影片，公眾可站立或席地而坐感受十七世紀台夫特天光雲影變化的空間情境，在影像輪播迴圈，在眼前看著那即生即逝的存在軌跡；然後小鎮建築物與船，以珍珠板加大幅輸出，有條運河流貫其中，河流底部打LED燈，暗暗呼應光影大師畫作特質。

二是參觀過程有故事或戲劇性的互動。展場隨參觀路線，欣賞高畫質的印刷複製外，現場設計顏料畫作區，可以使人想像如可調色作畫；另有情境布置和互動，如策展展示兩套當時貴族的服飾，你可自由變裝再到大大的空框留影（如本書封面折口作者介紹照片）；或設置一張空椅位置，你可以模擬畫中的模特兒或畫家與姿態等等。所以現在策展企劃大大增加參觀者與藝術品的活潑互動。

傳統美術館策展與現今獨立策展人不同，獨立策展人會有更多與藝術對話的設計。當然後來，我又帶孩子手作彩色砂

畫，留下的美好的體驗。所以喜歡走訪美術館或藝廊，精心策展方能提供不一樣的心靈之旅。

至於策展的企劃，有九點須注意：

1. 制定策展主題——從議題、媒材、主題等方式以確定策展主題、概述與流程。

2. 策展計畫書撰寫實務——企劃書撰寫與文字描述展品，介紹相關文案設計，含邀請卡之設計、編輯、製作，新聞稿撰寫。

3. 行銷媒體策略與執行——了解展覽執行之相關行銷媒體策略，展覽FB網頁之編輯、傳送。推廣活動相關預算與人力配置，媒體曝光與預算編列。

4. 空間整合規劃（一）——布展敘事結構介紹：依參觀動線、展場配置等規劃，對展覽空間統合有概略性了解。

5. 空間整合規劃（二）——實地考察展覽，充分了解展覽空間功能與特色。

6. 展覽通用設計——展覽技術原理介紹，展覽規範設計、施工與調整燈光等美學營造，還有文創商品設計。

7. 教育活動與志工培訓規劃執行——展覽教育活動、志工培訓執行與方法等相關人力資源運用。

8. 開幕活動——包括設備操作、媒體接待、來賓引導、活動主持、貴賓致詞、學員致詞、作品導覽、茶會交流……等開幕式相關活動的任務編組，落實開幕活動的任務分配與實境操演。

9. 卸展——展品卸除、包裝以及場地回復、展覽回顧與檢討、合照留念。

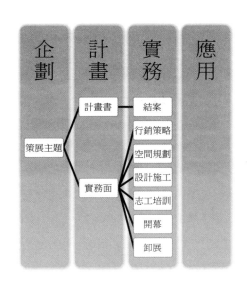

以「珍珠之光——透視維梅爾」為例，注意

展覽名稱	珍珠之光 ── 透視維梅爾
展覽簡介	
展區介紹	【創作源起－台夫特的風景】 【追尋時光－維梅爾的一生】 【神秘隱喻－畫作中的秘密】 【透視之眼－維梅爾的光影】 【樸實呈現－維梅爾的色彩】 【大師體驗－維梅爾實驗室】

展覽日期：　2014/01/18～2014/05/04
展覽時間：　週一至週日09：00～18：00（除夕及初一休館）

展覽地點	中正紀念堂介石廳、瑞元廳
主辦單位	聯合報系、國立中正紀念堂管理處

展覽票價	適用對象及說明：全票200，適用對象為一般民眾 優待票180， 1. 大專院校以下在學學生（憑有效證件） 2. 65歲以上長者（憑有效證件） 3. 身高超過90公分之兒童 免票者， 1. 身高90公分以下之幼童（須由成人持票陪同） 2. 身心障礙人士（憑證件）及必要陪同者一名。
導覽資訊	略
交通資訊	略

展覽或策展計畫書格式

（   展）計畫書

一、緣起（背景）

二、目的（宗旨）

三、主、承辦單位

四、預定展覽時間

五、計畫內容

    （一）展覽或策展規劃

    （二）展覽或策展特色（方式）及展出之理念

    （三）展品圖錄及說明（預定展出作品資料，照片尺寸4*6）

    （四）前瞻性及可延伸附加價值

六、工作進度

七、經費概算（如後範例）

八、預期效益

　　志在文化產業者，依對象，名畫可作多元的文創設計，創作者汲取作為MV創作靈感是無可名狀的，作家用心靈想像與現實交織創作成文本，導演改編電影或動畫，使通俗大眾能寓教於樂；藝術家以此作為臨摹技藝訓練；甚至策劃主題展覽活動等等，都是源自經典名畫原始魅力。卡爾維諾說：「經典之書帶著前人理解的光環來到我們面前，尾隨其後的又是他們穿過時光長河在各文化中所留下的痕跡。」所以，以心靈美感任務為目的文創產業，經典名作未來勢必以跨界等不同形式再現，無限寬廣的應用，誰我們也料想不到以何種方式潛進意識，深駐無意識。

【小作業】

1. 請找出一幅畫，用5W2H發想為主角發想故事。

2. 請分析維梅爾另一幅畫作〈穿風信子藍的少女〉，或分析以畫作為範圍的電影主題。參考：《梵谷：畫語人生》、《卡拉瓦喬》、《愛德華・蒙克》、《達利和他的情人》、《戴珍珠耳環的少女》、《忘情畢卡索》、《草間彌生之最愛》、《筆姬別戀》、《羅丹的情人》、《花落花開》[8]。或維梅爾另一幅畫作〈穿風信子藍的少女〉。

3. 崔西・雪佛蘭《戴珍珠耳環的女孩》、方梓《來去花蓮》（李志薔《新丁花開》電視劇），高田郁《澪之料理帖》試比較不同改編文本的社會文化環境對女性限制與成長。

8　https://kknews.cc/zh-tw/culture/vn5xv4.html（參閱日期：2018/01/17）。

4. 策展實務分組報告：任擇一場展覽，試分析主題策展
　　與企劃策展內容。

【參考資料】

【藝術，背後的故事】維梅爾‧戴珍珠耳環的少女，人間
　　福報，作者：文／方秀雲；圖／遠流出版公司，
　　2013/3/17。
　　http://www.merit-times.com.tw/NewsPage.
　　aspx?Unid=298440

維梅爾畫作〈戴珍珠耳環的少女〉欣賞
　　https://www.youtube.com/watch?v=RWLgaMvF1C0

TED 中英字幕：崔西‧雪佛蘭：名畫背後的故事
　　https://www.youtube.com/watch?v=pxuooiJNPLA

「戴珍珠耳環的少女」維梅爾複製畫作展－民視新聞
　　http://www.cksmh.gov.tw/index.php?code=list&flag=detail&i
　　ds=85&article_id=9516

珍珠之光 ── 透視維梅爾特展
　　https://www.cksmh.gov.tw/index.php?code=list&flag=detail
　　&ids=85&article_id=9516

方梓《來去花蓮》，台北：聯合文學。2012/04/24。

《策展簡史》（A Brief History of Curating），原文作者：
　　漢斯‧烏爾里希‧奧布里斯特（Hans Ulrich
　　Obrist），譯者：任西娜、尹晟。台北：典藏藝術家
　　庭。2015/07/24。

古裝潮衣總相宜，
〈清明上河圖〉從卷軸到科技動態展

● **學習目標**

知識：瞭解張擇端〈清明上河圖〉卷軸畫收藏過程與發現，
及北宋政治與庶民生活情形。

技能：1. 以清明上河圖為背景構思想像主題故事，從結構培
養知性邏輯的分析能力，學習表達技巧。

2. 〈清明上河圖〉卷軸畫賞析與動態多媒體跨領域的
應用。

3. 設計欣賞〈清明上河圖〉北宋城市再造文創城市觀
光。

情意：清明上河圖價值與時代之美，瞭解宋代精品與庶民生
活趣味。

態度：自學與謙卑，縝密與體貼，團隊配合與無懈合作的態
度。

● **學習重點**

3-1 能說出張擇端卷軸畫〈清明上河圖〉作者與收藏過程及發
現。

3-2 張擇端〈清明上河圖〉卷軸畫，賞析庶民生活與美學。

    A、楊柳雜花裝簇轎頂   B、青銅海   C、汴水悍激

    D、倉前成市   E、侵街   F、腳店

    G、以扇遮面   H、拜現在佛不拜過去佛

　　I、騾驢與獨輪車　　　J、刀鑷工

3-3 分析以張擇端〈清明上河圖〉為背景構思的故事並比較其
　　差異。

3-4 張擇端〈清明上河圖〉主題策展企畫設計與文創應用。

3-1 能說出張擇端卷軸畫〈清明上河圖〉
作者與收藏過程及發現

　　有「中國的蒙娜麗莎」之稱的〈清明上河圖〉，談畫須從
北宋的徽宗談起。此宋徽宗，亡國之君值得我們再商榷如何衡
量一生所作所為，被後世評為「宋徽宗諸事皆能，獨不能為君
耳！」

　　從文藝角度，徽宗儒雅風流，深諳文藝，主持畫院，翰林
院以畫家為人才，改變考試制度，且自行出考題；考題不是像
美術系考石膏像素描等，而是出詩文題，如「野渡無人舟自
橫」[1]、「探花歸去馬蹄香」等，因為他要選拔的不是畫匠，
而是能體會畫有意境之美。徽宗本身在書法，獨創瘦金體，特
點是瘦直挺拔，橫畫收筆帶鉤，豎劃收筆帶點，撇如匕首，捺
如切刀，豎鉤細長；有些連筆字如遊絲行空近行書。從對改革
畫院、自行出題與獨創字體可見，文學造詣頗高，但宋徽宗趙
佶治理國家卻一蹋糊塗。而張擇端正是北宋徽宗宣和年間（約

---

1 韋應物《滁州西澗》，獨憐幽草澗邊生，上有黃鸝深樹鳴。春潮帶雨晚
來急，野渡無人舟自橫。

經典重現之文創觸角

1102）翰林書畫院，為宮廷畫家[2]。

張擇端，翰林書畫院的官員。據聞少年時到京城汴梁（今河南開封）遊學，擅長繪畫，尤其是舟車、市橋、城廓、橋架題材，獨具風格。尤其「界畫」自成一家。「界畫」即在作畫時使用界尺引線，用以畫建築等物。因強調工匠技術，文人鄙視其匠氣。他的代表作有〈清明上河圖〉、〈煙雨風雪圖〉和〈西湖爭標圖〉等。

據歷史資料，張擇端歷時十年競成〈清明上河圖〉風俗長卷畫。收藏過程最早由北宋（約1102年）宮廷收藏，接下來總隨國家的命運而幾經轉手回宮，在1126年靖康之變，金人將國寶擄去北方，有人事先盜出，在民間輾轉收藏；後由南宋獨攬大權賈似道（1213-1275年）所得，元朝（1271-1368年）再度進宮，但至正年間又被調包，在民間秘密收藏，後來落在明朝嚴嵩（1480-1567年）、嚴世蕃父子手上，嚴嵩倒臺，抄沒家產，圖第三次被納入宮廷皇室收藏，後來太監馮保（1543-1583年）偷出，馮保雖是宦官，本身在書法藝術有造詣，於是在畫上加了題跋，之後真本又不知去向，待二百年後，由清朝湖廣總督畢沅（1730-1797年）收藏，畢沅任內虧空，死後抄家，〈清明上河圖〉第四次進宮，深藏紫禁城內。1911年，曾被溥儀帶至東北，1945年，在收購字畫中被楊仁愷識出收入東北博物館（遼寧省博物館）。

〈清明上河圖〉是中國古代繪畫作品中的極品，曾經為宣和內府所收藏，絹本、淡設色，縱24.8釐米，橫528.7釐米，現

---

2 摘自維基：https://zh.wikipedia.org/wiki/%E5%AE%AB%E5%BB%B7%E7%94%BB%E5%AE%B6（參閱日期：2018/01/19）中國從唐代起已設待詔、供奉等官職。到五代，西蜀、南唐設置了畫院。在宋代，設置翰林圖畫院（翰林書畫院），挑選一批優秀畫家專門為皇室宮廷服務。

藏北京故宮博物院。

　　這幅長軸卷畫與朝代國運浮浮沉沉，國運順遂入宮，異族強侵，民間高人收藏，宮廷民間幾度易手，最後由國家博物館典藏。又據聞這古畫有處有匹驢，有驢頭無驢身，是在重新裱褙時，修復者絹布掉落不見的小懸案。

3-2　張擇端〈清明上河圖〉卷軸畫　賞析庶民生活與美學

　　張擇端〈清明上河圖〉，這幅畫的題目意思，眾說紛紜，主要有三種意見：

A、清明是清明節氣，圖畫描繪的是北宋時期人們在清明節時的活動；
B、清明是表示太平盛世，世事清明的意思；相對於亡國後追憶；
C、清明是地名，據考證，當年宋都汴梁（今河南開封）城內外共分一百三十六坊，在東水門地區的一個坊就叫清明坊。

　　以上三種說法都是假設。北宋距今的年代已太過久遠，無法證實城市的活動，畫題的原意可能永遠是謎。然而，無損這幅國寶名畫的藝術價值。

　　北宋在1812年亡國，或許是張擇端懷念亡國，慎忠追遠，畫北宋繁華，而不是畫清明節景象。孟元老《東京夢華錄》可與之相印證，作者在書序中自述其創作動機與過程：

「僕數十年爛賞疊遊，莫知厭足。一旦兵火，靖康丙午之明年，出京南來，避地江左，情緒牢落[3]，漸入桑榆[4]。暗想當年，節物[5]風流，人情和美，但成悵恨。近與親戚會陎[6]，談及曩昔，後生往往妄生不然。僕恐浸久，論其風俗者，失於事實，誠為可惜，謹省記編次成集，庶幾開卷得

當時之盛。古人有夢遊華胥之國[7]，其樂無涯者，僕今追念，回首悵然，豈非華胥之夢覺哉！目之日夢華錄。」

　　原來，孟元老在「靖康之難」徽、欽二帝被擄，金兵破開封，北宋，自此滅亡，南下避難的中原人士，到了兩浙，不能忘懷於故土。孟元老到了江南，閑坐必談東京的繁華，感歎年輕一代無法體會，於是提筆追憶東京當年盛況。汴京昔日的繁華過眼，於是題書名為《東京夢華錄》，表示作者對故都深沉的悵恨與無限的懷念。

　　北宋孟元老《東京夢華錄》書共分為十卷，約三萬言，全書從各方面描繪了北宋汴京的城郭河流、大內諸司、街巷店肆、歲時物貨、民風俗尚、市井游觀，是研究北宋都市社會生

3　孤獨落寞。《文選‧陸機‧文賦》：「心牢落而無偶，意徘徊而不能掃。」見漢典網站。

4　桑榆（sāng yú，音ㄙㄤ ㄩˊ），桑樹及榆樹。日落時陽光照在桑榆間，因借指傍晚。又比喻人的晚年。《文選‧顏延之‧秋胡詩》：「日暮行采歸，物色桑榆時。」見漢典網站。

5　節物（jié wù，音ㄐㄧㄝˊ ㄨˋ），每一節令中的景物或事物。唐‧盧照鄰‧長安古意：「節物風光不相待，桑田碧海須臾改。」見漢典網站。

6　陎（shū，音ㄕㄨ），1.姓。2.古地名。

7　華胥（huá xū，音ㄏㄨㄚˊ ㄒㄩ），古代神話中無為而治的理想國家。見《列子‧黃帝》。比喻夢境。明‧劉兌《金童玉女嬌紅記》：「想著那錦堂歡似，枕華胥。蕩悠悠彩雲飛散無尋處。」

活、經濟文化的重要文獻。完成於南宋紹興十七年（1147年），內容描寫北宋徽宗時首都汴京的繁盛情況，也是中國第一部描寫首都城市景物的專書。《東京夢華錄》序文中描述：

「舉目則青樓畫閣，繡戶珠簾。雕車競駐於天街，寶馬爭馳於御路，金翠耀目，羅綺飄香；新聲巧笑於柳陌花衢，按管調弦於茶坊酒肆。八荒[8]爭湊，萬國咸通。集四海之珍奇，皆歸市易；會寰區[9]之異味，悉在庖廚。」

由此可知當時汴京奢華盛極之生活風貌。書中所記大多是徽宗年間（1102-1125年）的京師景況，包括城坊、宮殿、官署、河道、橋梁、街巷、寺廟、宮觀、酒樓、食店、醫鋪、瓦舍以及四時節仙的風俗，朝廷朝會、郊祀祭典、飲膳賁居、歌舞百戲等內容。

《東京夢華錄》一書的意義與價值可說是文字版的「清明上河圖」，更是研究考察北宋汴京城市經濟和品味宋朝生活美學的重要參考。以下例舉：

「東都外城，方圓四十餘裏。城壕曰護龍河，闊十餘丈，壕之內外，皆植楊柳，粉牆朱戶，禁人往來。城門皆甕城三層，屈曲開門……東南乃東水門，乃汴河下流水門也，其門跨河，有鐵裏窗門，遇夜如閘垂下水面，兩岸各有門通人行路，出拐子城，夾岸百餘丈。」

---

8 八荒（bā huāng，音ㄅㄚ ㄏㄨㄤ），最僻遠的地方。或指天下。《文選‧賈誼‧過秦論》：「有席卷天下，包舉宇內，囊括四海之意，并吞八荒之心。」見漢典網站。

9 寰區（huán qū，音ㄏㄨㄢˊ ㄑㄩ），全國、全天下。

「穿城河道有四⋯⋯中日汴河，自西京洛口分水入京城，東去至泗州，入淮，運東南之糧，凡東南方物，自此入京城，公私仰給焉。自東水門外七裏至西水門外，河上有橋十三，從東水門外七裏日虹橋，其橋無柱，皆以巨木虛架，飾以丹 ，宛如飛虹⋯⋯」

以上這兩段《東京夢華錄》記載汴梁文字，我們從〈清明上河圖〉所畫的景象，可看到汴河由城郊到東京內城這段河道兩岸的實景和如虹橋的位置、形式，其他如「曹婆婆肉餅」、「孫羊店」、「唐家酒店」，「正店七十二戶⋯⋯其餘皆謂之腳店」，「諸色雜賣」、「天曉諸人入市」，這些抽象的文字，可在〈清明上河圖〉上得到具象的印證。

回到卷軸圖，分為三個段落：

首段，汴京郊野的春光。

展圖所見郊野，在城市邊緣的疏林薄霧中，掩映著幾家茅舍、草橋、流水、老樹、扁舟。兩個腳夫趕著五匹馱炭，拉驢的韁繩，準備進城，是入冬或清明時節。柳林樹根長出來，不如城市樹筆直，枝頭泛出綠意，大地回春。路上一頂轎子，內坐一位婦人。「楊柳雜花裝轎頂」，轎後跟隨著騎馬的、挑擔的，從京郊踏青掃墓歸來。近郊，農家茅屋瓦房短牆，有一大片的「青銅海」，近郊泥土路與進城後風貌不同，有人進城，有人出城，畫家是導演為全畫展開有戲劇性的序幕。

中段，繁忙的汴河碼頭。

汴河是北宋國家漕運樞紐。雖是商業交通要道，人煙稠密，糧船雲集，然而「汴河悍激」隨著黃河暴漲暴落，河裏船

隻往來，首尾相接，或縴夫牽拉，或船夫搖櫓，有的滿載貨物，逆流而上，有的靠岸停泊，正緊張地卸貨。也有的船隻的船夫們有用竹竿撐的；或用長竿鈎住橋梁；或用麻繩挽住船的；還有人忙著放下桅杆，以便船隻通過。鄰船的人也在指指點點地像在大聲吆喝著什麼。船裏船外都在為此船過橋而忙碌著。有一隻大船正待過橋。橋上的人，也伸頭探腦地在為過船的緊張情景捏了一把汗。這裡是名聞遐邇的虹橋碼頭區，車水馬龍，熙熙攘攘，名副其實地是一個水陸交通的會合點。在靠岸的碼頭形成「倉前成市」。人們有在茶館休息，有的看相算命，有的在飯舖進餐。橫跨汴河上的是一座規模宏大的木質拱橋，它結構精巧，形式優美。宛如飛虹，故名虹橋。橋上「侵街」小商小販擁擠不堪。

後段，熱鬧的市區街道。

　　以高大的城樓為中心，兩邊的屋宇鱗次櫛比，有茶坊、酒肆、「腳店」、肉鋪、廟宇、公廁等等。商店中有綾羅綢緞、珠寶香料、香火等，或王家紙馬店賣掃墓祭品專門經營，此外尚有醫藥門診，大車修理、看相算命、修面整容，如「刀鑷工」，各行各業，應有盡有，大的商店門首還紮著彩樓歡門，懸挂市招旗幟，招攬生意，街市行人，摩肩接踵，川流不息，有做生意的商賈，有看街景的士紳，有騎馬的官吏，有叫賣的小販，有乘坐轎子的大家眷屬，有身負背簍的行腳僧人，有問路的外鄉遊客，有聽說書的街巷小兒，有酒樓中狂飲的豪門子弟，有城邊行乞的殘疾老人，男女老幼，士農工商，三教九流，無所不備，細看「以扇遮面」，人與人間關係十分有劇情。交通運載工具：有轎子、駱駝、牛馬車、人力車，有太平車、平頭車、「獨輪車」，形形色色，樣樣俱全。繪色繪形地

展現在人們的眼前。

　　總計在五米多長的畫卷裏，共繪了五百五十多個各色人物，牛、馬、騾、驢等牲畜五、六十匹，車、橋二十多輛，大小船隻二十多艘。房屋、橋梁、城樓等也各有特色，體現了宋代建築的特徵。當時東京汴梁城的一派繁華都市景象：圖中三教九流、各行各業的人物不下千計，街道房屋、野景市容更無法悉數，展卷遐思，百千年前都市人的生活狀態映然眼前。

　　張擇端的〈清明上河圖〉是一幅描寫北宋汴京城一角的現實主義的風俗畫，具有很高的歷史價值和藝術水平。

　　就畫作長卷形式，構圖法採用散點透視，與西方繪畫是焦點透視法不同，將繁雜的景物納入統一而富於變化的畫面中，畫中人物五百多，衣著不同，神情各異，其間穿插各種活動，注重戲劇性，構圖疏密有致，注重節奏感和韻律的變化，筆墨章法都很巧妙。

　　在上段畫作賞析，在這解釋卷軸畫裡的人文風情，以下專有名詞：

A、楊柳雜花裝簇轎頂

宋朝社會是階級分明的，從代步工具轎子，非一般民眾，不是官家，就是富紳的有嚴格限制。北宋初期只有年老的官員可乘轎，中期以後，富商巨賈的消費能力越來越高，為炫財，也爭相用轎子代步，官方無法難以禁止；晚期，民眾也以乘轎為常事，而女子出嫁乘花轎出閣。轎子上「即以楊柳雜花裝簇頂上，四垂遮映」。孟元老《東京夢華錄》有記載枝條雜花裝飾轎頂。

B、青銅海

東京附近有許多菜地。《水滸傳》「花和尚倒拔垂楊柳」魯智深的故事就發生在相國寺的菜園裡。當時種菜的收益比種田多十倍，所以（宋）孟元老《東京夢華錄》記載「大抵都城左近，皆是園圃，百里之內，並無閒地」。汴梁有個紀姓的老人，靠著一把鋤頭十畝地，種菜養活了一家三十口人。臨終時告誡子孫看管好這些菜地，說這些菜地就是能再生銅錢的「青銅海」。

C、汴水悍激

汴河是一條人工河。東京的汴河因是引黃河水的，當黃河暴漲暴落，水流洶湧湍急，含沙量大，入冬冰凌多，所以稱悍激[10]。曾該引洛水到汴河，洛水清澈，雖沒黃河水流急，但也是暴漲暴落，而且水量不足供汴河之用，還是要引黃河水來補充。

D、倉前成市

汴河是北宋王朝的動脈，在〈清明上河圖〉占三分之一篇幅，且用筆墨精心描繪汴河的航運，二十多艘大小船隻，滿載官府和商人的百貨和糧食的船舶，絡繹不絕地由江南各地航進汴京。為了儲存這些物資，沿著汴河形成了許多倉儲區。每當漕船[11]到來，商販也就雲集在倉庫附近，形

---

10 湍急：水流急速。

11 漕船是一種底平艙淺的運輸船舶，始於秦代，終於清代，歷時數千年。明代以前的漕船種類非常繁雜，不論是內河漕船，還是揚帆於海的漕船，只要是底平艙淺、吃水不深、裝載量多、運輸快捷的船隻，都可作為漕船運糧。所以說，漕船是一類船，不是一種船。https://www.chiculture.net/0813/html/0813c04a/0813c04a.html。

成規模不等的集市，汴河沿岸的建築比較簡單，船隻附近也有忙進忙出搬運貨物的人，表現的就是文獻中「倉前成市」的景象。漁船入港，卸貨，馬上是交易現場。

E、侵街

虹橋上熱鬧非凡，虹橋的南邊更是被各種各樣的小商小販所擠佔，連通行都有困難。「河橋上多開鋪販鬻」，這種侵佔街道橋梁的情況，是商業繁華的北宋東京城的一大頑疾，為了保證正常的交通秩序、市容景觀和維護有效地管理，北宋政府曾經多次整治侵街的現象，建立標誌，不許百姓超越標誌建造房屋、經營攤點，違章建築除了強行撤除外，還要對違反者施行杖刑，按道理，七十下的大杖打下去，受刑者肯定是皮開肉綻的，但就算是這樣，也沒能夠有效地制止侵街現象。究其根源，一是經濟利益的驅動，二是權貴有法不依，在整治侵街的過程中，最難整治的，就是那些權貴。

F、腳店

除了「正店」以外，汴京還有多到不能遍數的「腳店」，中、小型酒店。仁宗天聖五年（1027年），由於白礬樓原來的承包商經營不善，仁宗下詔給有關部門，責令尋找新的承包商，並開出了相當優惠的條件，如果有哪個人願意承包白礬樓，政府就指定三千戶腳店作為白礬樓的主顧，開封城內腳店之多可想而知。虹橋南岸也畫了一家「腳店」，門前有彩樓歡門，中間二層樓房突兀而起，臨街的那間房裡已是客人滿座，觥籌交錯。酒樓門前楞形的裝飾物上，兩面分別寫著「十千」、「腳店」。門兩旁寫有

「天之」、「美祿」，側門的橫額上寫著「稚酒」等字樣，許多都是廣告語，比如「十千」，李白的〈將進酒〉裡就有「陳王昔時宴平樂，鬥酒十千恣歡謔。主人何為言少錢，銷萬古愁」的名句。

G、以扇遮面

扇子出現在〈清明上河圖〉的清明季節，也是個焦點議論。扇子一般都是拿來熱天扇涼的，所以，有人主張秋景，認為畫面中反映的帶有幾分秋老虎的餘熱的時光。北宋的扇子當做「便面」來用，形同陌路的熟人不願寒暄，就以扇子障面，對方不以為怪，反而認為這是禮貌之舉。故曰：「以扇遮面，則其兩便。」

H、拜現在佛不拜過去佛

宋朝的佛教不如唐朝時蓬勃，為了尋求皇權的庇護，宋朝的僧人極力向最高統治者靠攏，把當朝皇帝奉為「現在佛」。不過，宋朝儒學和道教融合，士大夫和高僧「援儒入佛」或「援佛入儒」的情況日益普遍，促成了「三教合一」的現象。

I、騾驢與獨輪車

〈清明上河圖〉畫中有各式各樣的運輸工具，其中車就有好多種。有箱無蓋的太平車是用來運貨的，據《東京夢華錄》記載「般載雜賣」[12]：「宋代用以裝運貨物的車子。大的叫太平車，略小的叫平頭車」。《東京夢華錄·般載雜

---

12 https://baike.baidu.com/item/般載車。

賣》；「（太平車）上有箱無蓋，箱如構欄而平，板壁前
出兩木，長二三尺許。駕車人在中間，兩手扶捉鞭鞍駕之，
前列騾或驢二十餘，前後作兩行；或牛五七頭拽之。車兩
輪與箱齊，後有兩斜木腳拖夜。中間懸一鐵鈴，行即有
聲，使遠來者車相避。仍于車後系驢騾二頭，遇下峻險橋
路，以鞭嚇之，使倒坐緸車，令緩行也。可載數十石。」

J、刀鑷工

理髮匠在宋代稱為刀鑷工。城樓南側緊靠西墻腳下有一個臨
時搭建的方形涼棚，涼棚下理髮的人臉稍側，雙眼微閉，刀
鑷工左手扶著客人的下巴，右手拿著剃髮刀為他刮面美容。

　　以上人文風情，足見宋代繁華昌盛，而且文明水平已達到
前所未見的高度。上有所好，下必甚焉。宋徽宗親自作《大觀
茶論》，以天子之尊倡導飲茶，當時士大夫文人以茶儀為集會
儀式，達官貴人多愛把玩茶盞，文人雅士借助詩詞歌賦書畫形
式推崇。市井鄉民以茶待客、以茶相贈、以茶祭祀，飲茶習俗
已經滲透到了兩宋社會生活的方方面面。

　　北宋在宋徽宗領導，從重視繪畫選才，到本身對文藝的推
波助長，人物畫著重挖掘人物的精神狀貌及動人的情節；花鳥
畫、山水畫追求優美動人的意境情趣；宮廷繪畫在整個社會繪
畫繁榮的基礎上得到高度發展，當然熱鬧的北宋全在5米畫的
〈清明上河圖〉出現，也是想當然爾。

　　〈清明上河圖〉（約1102年）距離今八百多年，當時庶民
職業百工生活美學，我們得以窺見，幸有這幅高度寫實的巨
作。

3-3 分析以張擇端〈清明上河圖〉 為背景構思的故事並比較其差異

　　以張擇端〈清明上河圖〉為背景構思的故事，筆者主要選五本實體書，另也有網路小說，如下：

作者・小說	小說時空	內容
黃仁宇《汴京殘夢》[13]	北宋	描述北宋書生徐承茵誤打誤撞進入畫學，在翰林學士張擇端的帶領下，參與〈清明上河圖〉的繪製，深受徽宗寵愛的公主柔福帝姬，要求畫師將自己以婢女之姿畫入圖中。
張國立《清明上河圖》[14]	北宋	水滸揭竿起義背景下，才子佳人的無奈，李師師欣賞張擇端的才華，推薦宋徽宗〈清明上河圖〉，後靖康之難，宋徽宗妹公主與張擇端隱居民間的愛情故事。
段彩華《清明上河圖》[15]	清末八國聯軍之役	主要是在講述名畫〈清明上河圖〉自宮中失竊，朝廷派出宦官與官兵追回名畫的過程。

---

13 黃仁宇《汴京殘夢》，台北：聯經，1997。

14 張國立《清明上河圖》台北：皇冠，

15 段彩華《清明上河圖》，台北：九歌。1996.05。

馬伯庸《古董局中局02：清明上河圖之謎》[16]	現代	許願為古董界揭謎，堅持真相的去偽存真。有推理考據，同時有先進科技檢視古董。
冶文彪《清明上河圖密碼：隱藏在千古名畫中的陰謀與殺局》（簡體書）[17]	冶文彪	〈清明上河圖〉中埋藏的帝國秘密。
淡墨青衫《清明上河圖》	北宋南宋[18]	註：網路小説
宋方金《〈清明上河圖〉帶你穿越到北宋》	現代與北宋[19]	註：網路小説

　　以經典名畫做為文化創意產業的媒介，推廣美感教育，或經典文化教育大眾。〈清明上河圖〉長軸卷畫內容豐富，收藏史曲折，古代人工的臨摹和複製也很多，加上作者生平資料不多，可供杜撰的空間就很大，於是小說家以此為題材，建構成有邏輯的小說文本，就目前筆者收集資料有小說實體書五本，有二位網路小說連載中。可以說創作豐富多彩。

　　就小說文本，文字建構美感與表現的虛擬空間，小說的主題也十分多元。黃仁宇《汴京殘夢》內容有歷史家的觀點，王

---

16 奇幻基地。

17 北京聯合出版有限責任公司（原京華出版社）。

18 https://tw.ixdzs.com/author/%E6%B7%A1%E5%A2%A8%E9%9D%92%E8%A1%AB。

19 https://baike.baidu.com/item/%E6%B8%85%E6%98%8E%E4%B8%8A%E6%B2%B3%E5%9B%BE/17481518。

安石變法為北宋滅亡之主因，同時以柔福帝姬在宋史記載沒有隨金人到北方，行蹤成謎，作者虛構公主愛上畫家張擇端並與之遠走避難；〈清明上河圖〉是宋徽宗下詔並依美學指導繪製，張擇端是繪製工程的畫學主持。

張國立《清明上河圖》，小說家以通俗筆法，杜撰虛構張擇端與李師師的無奈的愛情故事，倪匡評「巧妙而可觀的歷史小說」，可觀之處待讀者去覺察品味；段彩華《清明上河圖》以說書武俠小說的式筆法，寫清末遺事，咸豐死，道光即位，慈禧和慈安聽政，英法等八國聯軍燒圓明園為背景，曲折離奇寫張擇端後代孫張光白不願該畫淪於異族之手，於是設下陷阱騙畫並保護長卷圖；其中〈潑血畫〉暗示內憂外患之際，上位者卻依舊耽於享樂，無數生靈的死亡為滿足當權者的閒暇賞畫；在爭搶騙取過程，省思強敵有可趁空間，唯有國家自強方有力量保住國寶，個人是無力的觀點。

個人以為《穿風信子藍的少女》電影似乎也是有以國家級藝術館力量提供藝術長久的保存的概念。

馬伯庸《古董局中局02：清明上河圖之謎》的小說文本，重點放在主角許願為古畫揭謎，將懸疑考證真偽化為故事情節和知識，碳-14檢驗真偽須截一段絹畫，反而破壞古畫，但客觀真相將符合邏輯呈現在眼前。

淡墨青衫《清明上河圖》與宋方金《清明上河圖》同是網路小說，現今網路發達，小說在部落格發表，均有其粉絲和點閱率。而IP授權是使文本能以另一種形式被看見。IP是智慧財產（Intellectual Property）的縮寫，IP劇意即和別人購買其著作改編成為戲劇，台灣目前連結華語文學圈與影視產業的媒合平台是「鏡文學」，以文字書寫為興趣或賴以為生的作家，作品可經簽約授權來出版或改編成影視作品、電玩遊戲、漫畫等等。

　　「經典之書對其讀者所述永無止盡。」卡爾維諾這樣詮釋經典。對經典畫作，我們可以這樣理解。作家以經典畫作為媒介，藉創作各種不同的類型的動人故事，或是考證北宋亡國的內部政策導致；或是威權下無奈的愛情；或是列強侵略，國家當自強方有力量保存文物；或是藝術鑑定的真相堅持；或是回歸宋徽宗欽宗父子的情感等等，以滿足創作者對將文字內容賦予藝術形式，達到高度協調。對讀者而言，不管從研究北宋史的重要資料，或是文人對知識好奇，畫作皆提供故事時空想像。對文創人而言，開發不同的旨趣，和提供未來影視的題材。所以，經典文化推廣與教育是不可預期也無可限量的。

3-4　張擇端〈清明上河圖〉主題策展企畫設計與文創應用

　　〈清明上河圖〉如謎般，從資料不多的作者張擇端，到從宋後改朝異代，總被攜出宮流落民間，輾轉回到宮中收藏；君上畫家仇英臨摹清明上河圖多次，清朝也仿畫作精神，畫出屬於清朝盛世的〈清院本清明上河圖〉。在2016年「台北故宮清明上河圖特展」是將台北故宮庋藏的〈清明上河圖〉八卷，為具名的張擇端（約1102），仇英（約1494-1552），和沈源〈清明上河圖〉，與〈清院本—清明上河圖〉三類。雖以張擇端的〈清明上河圖〉為臨摹對象，但增添城市色彩和人文風情，迥異於宋本，值得比較欣賞。

　　也足見〈清明上河圖〉長軸卷巨幅魅力，歷史情懷提供許多故事空間，還有技藝美感與豐實的人文色彩。

　　首先談台北故宮是保存官方單位，所藏皆為上選的精品，

雖定期有刊物介紹和精美的圖錄，但百聞不如一見，尤其是真跡，故宮展覽的品質，我們是極具信心的，面對真跡，我們有豐富的視覺饗宴和說不清的美感能量在觀賞者內在蘊含堆積。在e世代，古典藝術的靜態觀賞已無法滿足群眾，將畫作運用科技變電子動態版，更能注意網路新世代對藝術的需求。故宮在2018年推出「國寶總動員」潮流和科技，一者使文物有新生命，一者吸引更多人親近上選的精品。

「動態清明上河圖」在上海世博展出，這場海外驚奇的展覽，提供我們思考策展人在浩瀚的精品，洞察親民的上選之作，然後突破傳統，有藝術新觀念，就是將過去的靜態展，符合時代潮流，結合科技跨領域自然生成為「動態清明上河圖」。後來在香港、台北都有模仿且重複策展，甚至現在在網際網路搜尋，仍可見「動態清明上河圖」，隨時透過網路與科技藝術相伴。

「智慧的長河—電子動態版清明上河圖」作品首先於中國2010年上海世界博覽會「中國館的鎮館之寶」展出，呈現當時孩童好奇玩耍，大人行坐臥立，人與人互動關係，購物講價，勞力驚險與互助，打揖或掩面；市招林立，百工匠戶，駱駝商隊等社會活動，隨著汴河流動，帆船與漕船的停泊，加上背景配樂，感知情緒浮動，驚豔北宋汴京城繁華熱鬧有如現代。動態版較原本的畫作大三十倍，若是靜態觀賞原作，甚至需要手持放大鏡細察，動態版的人物或物件都會移動，甚至增加虹橋上小孩追趕肥豬和夜間畫面，每四分鐘一個日夜循環，這是人類史上城市的全貌展現。

台北市立國樂團也曾突破音樂會展演形式，〈清明上河圖〉國樂動畫音樂會，以古畫、動畫及國樂跨界結合，重新詮釋了清院本〈清明上河圖〉、明仇英〈漢宮春曉〉、明文徵明

〈後赤壁圖〉三幅名作，美好旋律和中國繪畫意境整合的美感，也是劇場視聽美學的突破。

這多媒動畫與國樂結合，大陸也將這長卷分田園圖、商隊圖等主題畫面，將古畫氛圍從情感襯托，經典畫作科技動態化，使我們對知識的認知和感受與情感的覺察自內心流動，對宋代創造的城市文明端和科技創意端，兩端交流的衝撞，情意隨馬嘶聲和人們步履聲等感受收納在精神層次，開發 e 世代心靈能量和適合的美感教育。

策展能如斯豐富，在於原作本身精彩魅力。〈清明上河圖〉是庶民生活的風情畫，與維梅爾風俗畫作相同，某種程度都是「很親民的／擬真」。文創人選擇庶民生活景象的題材，民眾較有感，那對推廣美感的經典畫作，無論是靜態或數位科技創意應用變身為栩栩如生動態版，對生活藝術的美感教育是與時俱進，過去複製畫考量改善紙張，如今「科技」突破，深入日常生活，複製畫、拼圖、便利貼、喇叭裝飾等文創商品十分多元，也是我們所樂見。尤其每年國立故宮博物院國寶衍生商品設計競賽，都是為文創結合生活而設計商業活動，未來經典畫作繼續以不同的面貌現身。

經典應用	對象
小說	除了喜歡文字閱讀，發展不同類型的小說，以劇情或考據或推理懸疑
臨摹或創作靈感（小小人兒[20]）	通俗大眾，適合大人小孩
改編動態	通俗大眾，適合大人小孩
策展（含互動或手作[21]）	靜態的活動：適合大人與孩子
MV創作	影像創作者，歌手

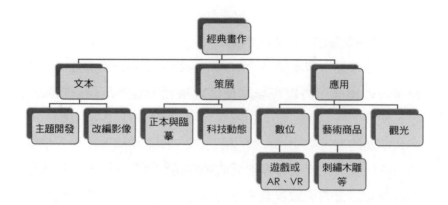

展覽名稱與地點、時間	畫作時間與城市	缺點	特色
清明上河圖（台北故宮）	十二世紀北宋開封	太小，須放大鏡時間有限	水墨畫真跡品質
清明上河圖（上海世博／香港／台北）	十二世紀北宋開封	時間藝術	結合數位科技，增加紅衣小孩與豬，清明上河圖夜間版
古畫動漫：清院本清明上河圖（台北故宮）2018/04/03~2018/06/28陳列室：北部院區第一展覽區102			水墨畫真跡品質科技放大呈現

---

20 筆者以為作者雖然沒談及受清明上河圖的影響，但筆者某種程度靈感來源於古畫。如圖。又「微型展－田中達也的奇幻世界」，2017/06/29-09/10台北中正紀念堂，2017/12/23-2018/03/04高雄駁二特區。https://www.niusnews.com/=P1nnbal1（參閱日期：2018/01/22）。

21 彩繪扇面或手繪刻印等等。

有「中國之蒙娜麗莎」之稱的〈清明上河圖〉如斯迷人，蔣勳曾在賞析〈清明上河圖〉時預測，在未來世界村的文化，張擇端〈清明上河圖〉這文化遺產將備受重視，形成「清明學」，如紅樓夢的紅學般。

志在文化創意產業文創人，應善加利用經典畫作，無論是研究北宋文化知識，或流行音樂產業、出版產業、影視產業、創意生活等產業等都會有不同程度創意結合科技和藝術。近來遊戲利用擴增實境（Augmented Reality，簡稱AR，翻譯為實擬虛境）和虛擬實境（Virtual Reality，縮寫VR，簡稱虛擬技術，也稱虛擬環境）有不同層級的遊戲娛樂的互動體驗。

「經典之書帶著前人理解的光環來到我們面前，尾隨其後的又是他們穿過時光長河在各文化中（或者是不同的語言和風俗）所留下的痕跡。」帶著知識和種種情感，古典畫作給我們心靈能量，因科技創意，我們將延續古典極致的美感，大概就是這個意思吧。

未來，經典畫作仍為創作靈感養分，或者為我們將帶著朝聖的心去旅行，大陸橫店影城就是以〈清明上河圖〉為藍本建造影視城藍本，帶動觀光人潮感受親臨當時風貌。

【小作業】

1. 請擇以中國古畫構思的小說作品，除了上課介紹三本，加姚白芳《千年畫緣》（谿山行旅圖）請擇一讀後口述內容。

2. 試以數位科技軟體應用在古畫變動態，加旁白，用影片呈現。

3. 設計以〈清明上河圖〉數位藝術教育的學習。

4. 你從〈清明上河圖〉靜態與動態策展，有何未來企劃的創意想法。

5. 國立故宮博物院國寶衍生商品設計競賽。

6. 臨摹畫作或選你喜歡的圖案用橡皮章刻印。

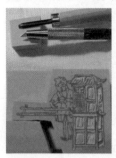

【參考資料】

耗時2年上海，3分鐘讓你看懂清明上河圖

> http://www.youtube.com/watch?feature=endscreen&v=puR
> m8FYzeME&NR=12

台上4分鐘 幕後2年功

> http://www.youtube.com/watch?v=MKlw61oQEPM

清明上河圖解說版

> http://www.youtube.com/watch?v=LvVK-TOhZb0

解讀《清明上河圖》Part 2

> http://www.youtube.com/watch?v=AvOoMxB5XlQ

張擇端 原作【清明上河圖】

> http://www.youtube.com/watch?v=mU1hEKa77dI

淡墨青衫《清明上河圖》

> http://tw.xiaoshuokan.com/a/%E6%B7%A1%E5%A2%A8%E
> 9%9D%92%E8%A1%AB

宋方金《清明上河圖　帶你穿越到北宋》

> https://baike.baidu.com/item/%E6%B8%85%E6%98%8E%E4
> %B8%8A%E6%B2%B3%E5%9B%BE/17481518

故宮網頁：導覽大廳，情境區－清明上河圖

　　https://www.npm.gov.tw/exh96/orientation/index4_2_ch.html

清明上河圖特展

　　https://www.npm.gov.tw/zh-TW/Article.aspx?sNo=04007005

李玉剛－清明上河圖（愿音裊裊）專輯：《新妃醉酒》

　　https://www.youtube.com/watch?v=8yib3Ak7MLI

鏡文學

　　https://www.youtube.com/channel/UCRqHbz7d4erbg_uO76fouaA

|N|O|T|E|

繁華與困頓，〈南街殷賑〉的改編風采

● 學習目標

知識：瞭解郭雪湖〈南街殷賑〉，作者創作的過程與相關主題。

技能：賞析經典畫作，發想主題故事，培養知性邏輯的分析能力，增進表達技巧，或多媒體科技，成為動態跨領域應用；或旅行文創區。

情意：經典如何影響人的思想和行為，人性的刻劃與價值反省。藝術，昔在，恒在，藝術教育的演進，表現本土的自主與自信。

態度：自學與謙卑，縝密與體貼，團隊配合與無懈合作的態度。

● 學習重點

4-1 能說出郭雪湖〈南街殷賑〉，作者生平經歷與創作？

4-2 經典時機──郭雪湖〈南街殷賑〉畫作改編電影與電視劇。

4-3 郭雪湖〈南街殷賑〉等畫作主題策展設計分析。

4-4 經典文創運用與結論。

4-1 能說出郭雪湖〈南街殷賑〉，作者生平經歷與創作

「經典就是將當下的嘈雜之音化作嗡嗡背景聲的作品，而這背景聲同時也是經典存在所不可或缺的。」[1]觀賞郭雪湖〈南街殷賑〉就有這樣的感覺，〈戴珍珠耳環的少女〉和〈清明上河圖〉離我們太遠了，而〈南街殷賑〉彷彿就在左右近在腳下，同時它屬於國畫或東洋畫也曾被提出討論過。

郭雪湖[2]〈南街殷賑〉[3]，先用眼睛接觸凝視，這幅帶給你有那些訊息和感受，直覺的欣賞，熱鬧色彩繽紛，心情愉悅。接著用5W2H思考，作者在哪？位置視角？裡面有什麼故事？這是在什麼時間地點？底下的人物在做什麼？有這些提問和自問自答後，會有純粹感性感受；再以理性分析畫家風格和構圖、用色；最後再看二段評論，我們可瞭解南街對畫家的意義。

5W2H	發想內容的關係
Who	畫中人物的穿著身份和職業？
Why	為什麼畫家用這樣構圖？
When	畫中人物當時在做什麼？想什麼？ 這幅畫時間？畫家從何時開始構思和完成這幅畫？

---

1 卡爾維諾―經典定義13

2 郭雪湖（1908-2012），本名郭金火，生於台北大稻埕，是台灣日治時期中重要的畫家之一，也是台灣膠彩畫的先鋒（參閱日期：2018/01/22）。https://www.tfam.museum/collection/CollectionDetail.aspx?ddlLang=zh-tw&CID=3175

3 〈南街殷賑〉，1930，膠彩。https://www.youtube.com/watch?v=4dTYz2h2io4（參閱日期：2018/01/23）。

Where	畫中人物的地點在哪？畫室（或畫家）位置視角？在哪？
What	建築物的特色為何？有那些顏色的對比？
How	作者繪畫時可能的內在聯想和感受為何？
What happen	裡面有什麼故事？

　　林育淳評「〈南街殷賑〉為郭雪湖以誇張、戲劇化手法描寫大稻埕迪化街霞海城隍廟口節慶熱鬧景象，廟口擁擠的市井小民忙碌紛擾，五彩繽紛的招牌遠近林立，不但有日本人回『內地』所需購買的台灣特產禮品店，也有中國的藥材店，還有寫著英文『Sony』的店面，由此可見當時台灣商圈的繁華多元，全圖也充滿社會現實性及視覺趣味性。」[4]

　　黃瑩慧在「真實與想像之間—郭雪湖〈南街殷賑〉的創作思維」[5]論文（Between Reality and Imagination-The Creativity of Guo,Shiue-hu's "Festival on South Street"）提及〈南街殷賑〉是郭雪湖的「畫風丕變，媒材上，由水墨改以膠彩；技法上，皴擦跌宕的筆法轉而為綿密的線條，嚴然一幅細膩的日本膠彩畫；題材上，由傳統山水描繪轉而以風景寫生的方式——〈南街殷賑〉將南街烘托出充滿漢人情調的南國風情，似乎又微微透露出日本政權對台灣土地的影響，畫面情境微妙。〈南街殷賑〉以描寫漢人情境為主，卻能在官辦美展中獲得最高榮譽

4　節錄：林育淳／25年典藏精粹，摘自出處如註1。

5　2007國立成功大學藝術研究所碩士。摘自https://www.ntmofa.gov.tw/ntmofapublish_1047_236.html（參閱日期：2018/01/22）。

『台展賞』，簡中奧妙頗耐人尋味。〈南街殷賑〉雖取材自南街街景，卻非寫真描繪，技法虛實之間和豐富的內容與實際街景產生程度上的落差，原因在於，郭雪湖在實景的基礎上添加自己的想像發揮而成，因此，〈南街殷賑〉融合風景的觀察與自我家鄉的懷想，真實與想像之間滲透出其企圖心與對自身文化的認知，郭雪湖體認的自我認同。」

從〈松壑飛泉〉（1927）、〈圓山附近〉（1928）、〈春〉（1929），到〈南街殷賑〉（1930）將自然風景轉為人文風情，我們可以看到畫家郭雪湖從嘗試不同主題，自我挑戰，企圖突破界限，該幅畫為台灣美術史的名畫，日治時期，迪化街名為「南街」，「殷賑」為熱鬧繁榮；構圖的建物，從兩層樓變三層樓，色彩的張力，用色各色招牌以紅褐、藍、黃色表現，還有以城隍廟會，表現熙來攘往的年節氛圍，所以該幅亦是研究民俗重要的材料。而這幅為「第四屆台展賞，無鑑查」有一個小故事，當時他與陳進、林玉山並列為「台展三少年」，郭雪湖曾跟隨蔡雪溪習畫，可是在戰前官辦美展中大放異彩，老師意外落榜後取法學生畫風的故事。

筆者發現，一從層層招牌林立與人潮鼎沸景象，在作畫時，適時提取繁華市街與生命體悟的感受，長期自學摸索建立自我的藝術風格；二是藝術不分前後與輩分，所謂弟子不必不如師，師不必賢於弟子。賢本義是多財，引申為多、勝，老師不一定能勝學生，青出於藍而勝於藍「自古只有狀元學生，沒有狀元老師」。第一屆老師落選後謙卑向學生學習，終於第三屆也入選，先是「師渡徒」，後「徒渡師」，師生潛心美術，在藝術裏重逢亦師亦友。；三是我們看到在日人（異族）文化制度下努力開創格局的畫家，比賽是限制也是自由，促使畫家自我挑戰新題材，創作過程就是代表自身思考的過程，不同造

型元素和獨特的藝術語彙，吾人欣賞繪畫，同時感受畫家對生命和事物的洞察力和思維邏輯，表達其獨特的鄉土景緻與思想。

4-2 經典時機——郭雪湖〈南街殷賑〉畫作改編電影與電視劇

「經典是這樣的書籍，它給予已經閱讀過或鍾愛它們的人們以一種如獲珍寶的體會；同時對於保留機會等到閱讀的最佳時機來臨的讀者而言，經典所蘊含的豐富體會也絲毫不減。」卡爾維諾這樣詮釋經典的現身時機。依時間審視經典，經典是永恆的，然而最佳時機為何時？

郭松年《望鄉》一書，在其父親郭雪湖冥誕110周年紀念出版，記錄父親的藝術生涯，同時反映台灣百年動盪政治下的際遇。本書1-3「村上春樹翻譯期限賞味論」談及托瑪斯‧曼《魂斷威尼斯》重新在台灣出版也是百年紀念，所以經典再現的最佳時機，為向已逝的作家或藝術家致敬的紀念方式。

除此之外，配合政策與時代精神思想或社會潮流脈動，也是經典再現的最佳時機。如文化部「105施政目標與重點」中對「輔導製播高畫質電視」補助，《紫色大稻埕》以本土特色影像作品，連續得到文化部優質戲劇的補助是一例；《大稻埕》電影以破億亮眼成績，主題是拚命的態度迎向未來，正是許多台灣年輕人茫然處境的心聲。本書4-3「郭雪湖〈南街殷賑〉等畫作主題策展設計分析」中，郭雪湖先生在2008年榮獲行政院第二十七屆文化獎殊榮，「時代優雅——郭雪湖百歲回顧展」為回顧其一生對藝術的貢獻；「畫中台北——大稻埕少年郭雪湖特展」為台北市政府觀光傳播局承辦，目的為「看見

那個時代的台北，看見那個時代的同與不同，感受跨越時代的
追求與共鳴。」「樂山樂水——郭雪湖回顧展」目的為文化尋
根，建構台灣百年美術史；是故隨社會脈動推廣介紹，畫家一
生追精益求精，其言「人老畫要新」，自我突破和研究創新，
使人景仰，對勉勵年輕學子是有其重要的社會意義。

以下為〈大稻埕〉畫作的改編影和策展時間表，可提供參
考：

作品名稱	經典的時機：時代背景
〈南街殷賑〉	民國19年（1930年），日治時期，大稻埕城隍廟會（郭雪湖畫作完成）
時代優雅——郭雪湖百歲回顧展	民國97（2008年），傳統策展
〈大稻埕〉	民國103年（2014年），臺灣電影
〈紫色大稻埕〉	民國105年（2016年），台灣電視劇
畫中台北——大稻埕少年郭雪湖特展	民國106年（2017年），策展
樂山樂水——郭雪湖回顧展	民國106-107年（2017-2018年），策展

郭雪湖〈南街殷賑〉（1930）經典畫作色彩鮮艷，強強滾
的繁華人文風情，是台北早期人文薈萃的象徵。如今台北的繁
華從大稻埕轉移到信義區，畫作重新還原當時時代氛圍，表現
當時人的處境和努力精神，使觀者映照現實生活，提振心靈能
量和接受綜合美感。

首先先談電影與電視區別，如下表

	電影	電視連續劇
時間	90-120m	單元劇、連續劇
地點	限制電影院	不限制地點，只要有電視
觀賞畫面	巨大的畫面，占觀眾全視野 視覺感強	畫面較小，占觀眾視野小 聽覺感強
拍攝景別	特寫、近景、中景、全景	特寫、近景、中景、遠景、全景
觀眾	願意花錢買票大眾→票房 集中注意力 進戲院無法轉台	通俗，以電視為強烈的娛樂消遣→收視率，相對，分散注意力 不喜歡可轉台
意義	娛樂、教育 藝術感染力強	娛樂、教育 藝術感染力不強

　　依時間來看，電影約90-120分鐘，也有長達3小時，為考慮觀眾視覺的壓力，若時間太長，電影就分上下或三部曲，如魏德聖《賽德克‧巴萊》長達4小時，就分上下。電視劇，本是連續性質，有30分也有45分為一集。台灣曾在1974-1975年中華電視台（華視）播出的八點檔古裝武俠劇《保鑣》，共256集，每集播出90分鐘。民視長壽劇《親戚不計較》播出1,753集，是最高紀錄。

　　就畫面來看，電影有巨大的畫面，占據觀眾全視野，所以視覺感強；而電視劇畫面較小，占觀眾視野小，重視聽覺感。有些老年人視力模糊，用耳朵在看電視。就拍攝景別，電影常用特寫、近景、中景、全景；而電視少用只有臉部特寫和遠景，多用近景、中景、全景拍攝。限於時間，電影節奏快，敘

述更準確，空間場景和人物情緒表現張力；電視劇相對節奏慢，敘述平實，交代情節和人物事件。

就音樂而言，電影會有專門的作曲音樂，而電視的背景音樂，會採通俗流行樂。

就觀眾而言，電影是觀眾願意花錢買票，有通俗類型電影和藝術電影，而且觀眾須集中注意力，強迫性投入，無法轉台。同時電影公司會有票房壓力；電視劇以通俗為主，觀眾則須是電視為強烈的娛樂消遣，電視公司同樣有收視率和廣告的壓力，觀眾在收看時，可一邊做事，一邊收看，然後在某重要時刻投入，相對注意力較分散，不喜歡隨時可轉台，若太入戲，觀眾持續參與，在故事與現實間有共鳴，甚至可雙向互動，向電視台反應，影響劇情結局。

二者都具有娛樂和教育意義，只是電影藝術感染力強，電視藝術感染力不強。

以上是原則，現狀有許多考量因素，電影票房好，趁勝推出續集；電視劇越有趣好看，收視率越高，就加戲。目前網路發達，網路劇能滿足當下時間定時觀賞，也能追劇，可一口氣看完長達二十多集。基本上，電視劇每集至少有兩個高潮，每集的收場一定要製造一個懸疑。觀眾看了上集，非看下集不可，欲罷不能。

以郭雪湖〈南街殷賑〉畫作為背景，有電影《大稻埕》，與謝里法小說改編為電視劇《紫色大稻埕》。比較如下：

	電影	電視連續劇
片名	大稻埕	紫色大稻埕
時間	90-120m	22集

改編	劇本	《紫色大稻埕》小說改編
類型	穿越劇	寫實劇（大河劇）
主題	台灣年輕人的未來（命運）	夢想、戀愛與民主自由（命運）
敘述者	男大學生	郭雪湖
主演	宥勝與簡嫚書，豬哥亮與隋棠	李辰翔（年輕郭雪湖／金火）楊烈（老郭雪湖）、施易男、柯佳嬿、林玟誼、鄭人碩
畫作	〈南街殷賑〉	〈南街殷賑〉、〈松壑飛泉〉、〈驟雨〉等
趣味	神奇照相機定格、逗趣對白、雙關	當時對藝術西畫戲劇看法、文學象徵
音樂	寫實和背景音樂（專門作曲）丟丟銅	寫實和背景音樂（通俗流行歌曲）丟丟銅、青春嶺
公司	青睞影視製作有限公司	青睞影視製作有限公司

（一）電影《大稻埕》

　　郭雪湖〈南街殷賑〉的繽紛市招，畫裏的人潮往前，當時台灣受日本殖民，同時又帶來文明與開創，「未來」的出路在前？年輕人對未來的扣問？憂鬱與愉悅？導演對《大稻埕》電影表達的課題？

　　《大稻埕》以〈南街殷賑〉畫作做為進入1923年的台北大稻埕，昔日繁華從百款行業招牌，及人聲鼎沸的市街切入，頗具巧思。故事開始是迷惘的大學生（宥勝飾），對教授豬哥亮

談的歷史提不起勁，在大稻埕文物館看見郭雪湖〈南街殷賑〉畫作，先是以十九世紀初科學的產物神奇照相機定格，驚見畫裏撐傘女子回頭對他笑並說話，繼而被吸進名畫，「穿梭」時光經過台灣歷史，回到布莊老闆隋棠與夥計豬哥亮，同時帶出蔣渭水民主運動、禁演漢劇、禁唱台歌、吸鴉片等事件，揉合進愛情故事，呈現賀歲電影審美趣味，導演將民間的俚俗逗趣雙關對白趣味帶入，不是像《賽德克‧巴萊》電影有如史詩般，也沒有《天馬茶房》電影有未來一直來一直的深刻對話，導演主角跌入時空的意義在哪？

穿越劇是戲劇表現形式之一，內容為現代人回到過去。為主角回到過去的意義，有二層，一為冀望扭轉現實，如電影《妳的名字》影射日本311地震，導演期望能阻止災難憾事發生的心理投射；二為藉與前輩共同經歷事件，回到現實，電影結局男主角改變彷徨迷茫態度，義無反顧的對夢想充滿熱忱，實現未來的態度。顯然這部電影主題是後者。

電影海報有二款，標題為「穿越時空的青春夢，得寸進尺的戀愛夢」「笑傲百年風雲起　青春文明向前行」一部穿越時空戀愛劇，故事是否寓教於樂，引年輕人深思未來？

據聞這部《大稻埕》[6]電影拍攝的動機是受〈戴珍珠耳環的女孩〉名畫的創作靈感，從而在台灣前輩畫家的作品找到靈感與考據藍本。〈南街殷賑〉畫作為電影時空背景的藍本，台灣女畫家陳進1935年的膠彩畫〈手風琴〉，畫中女子穿著也是

---

6 大稻埕的範圍應該是忠孝西路以北、承德路以東，以及民族西路以南的區域，一般人以為大稻埕就是迪化街太狹隘。「埕」意指空曠之地，在1850年代，由於大陸不同地區的移民在台北各區擁地自重，時常發生械鬥，此時不好事的人們便紛紛逃往大稻埕，在這片依台北城北門、傍淡水河畔的霞海城隍廟附近，開啟一個民族融合又純樸安樂的時代。

電影造型組改造成女主角簡嫚書的造型。導演葉天倫在在奇思狂想的劇情結構，加入「台灣意識」與史實傳奇，希望娛樂電影有了不同的歷史視野。

李安[7]曾說「台灣創作環境自由，人才優秀，但思想怠惰，得多充實，再不加把勁不行了。」、「台灣電影氣虛、格局小」、「台灣電影要更重視與科技連結，如果落後太多再趕會來不及，現在幾乎連開始都還沒開始，令人憂心。但這件事個人做不來，國家一定要支持才行。強化科技與電影的整合，是非常重要的事。」「台灣電影走向什麼風格，一定要做好兩項基礎工作，一是科技整合，二是內容格局。」電影裏日治時期大稻埕多媒體動態，總統府和當時淡水視野也以科技技術處理，足見技術與時俱進；而所謂的內容格局，台灣電影主題議題，在命運未來外，是否可再多元發掘表現，有待後人努力。

（二）電視劇《紫色大稻埕》

謝里法《紫色大稻埕》[8]原是小說，三立台灣台改編為同名原著小說電視劇《紫色大稻埕》[9]，屬於大河劇[10]。

謝里法用意是要重現台灣藝術家的青春盛世，他認為「將藝術化為故事，用文學的筆觸，把過去的藝術家們召喚出來，

7　http://www.chinatimes.com/newspapers/20131127000836-260115。

8　台北：藝術家，2009/03/12。

9　https://www.pts.org.tw/dadaocheng/（參閱日期：2018/01/24）。

10　https://zh.wikipedia.org/wiki/%E5%A4%A7%E6%B2%B3%E5%8A%87（參閱日期：2018/01/22）。大河劇指長篇歷史電視連續劇，主要是以歷史人物或是一個時代為主題，並且有所考證，源於日本NHK電視台，台灣的大河劇主要是台灣歷史劇，有小說改編《浪淘沙》、《大將徐傍興》、《紫色大稻埕》等屬之。https://www.pts.org.tw/dadaocheng/（參閱日期：2018/01/24）。

將他們精采的人生帶到讀者面前，展演出台灣最富人文氣息、紫氣縈繞的大稻埕時代。」

導演葉天倫和陳長綸，電視劇以1920年代畫家為主題的大稻埕時代，不只「台灣經濟的繁榮時代」，也是「台灣文化的黃金時代」，純樸又充沛的民間文化動能，彷彿是台灣的文藝復興。敘述者為老郭雪湖（楊烈飾演），述說年輕夢想的追求與挫折，堅持與榮耀故事。施易男「大稻埕的天光」（《紫色大稻埕》片頭曲《破曉‧大稻埕的天光》）唱出「太平的歲月永遠的願望」主題，引人內在意氣和熱淚。

在2-1.5以經典畫作應用的「創作」，經典畫作提供歌詞或歌典創作者的靈思源頭，聆聽者在充滿溫度的聲音，同時感受藏有許多不知道的故事和秘密，有些熟悉有些從未曾覺察。

《紫色大稻埕》電視劇為何稱紫色？紫色無政治色彩，如劇中喜劇式對白「你到底站在哪一邊？我站在丈夫這邊。」幽默對白，走出困頓悲情，表現1920台灣上流社會人文薈萃樣貌，追劇後，筆者思考該齣電視劇特色：

1. 還原歷史現場，建構場域。既定還原1924日治時期，台灣已被日本統治了將近三十年，永樂座、大稻埕茶行等場景，宜蘭線鐵路通車，殷賑南街安定繁榮，文化人實現理想，還有當時人的言行思維與如何順應時代，同時也是民主文化發芽，敘述者為郭雪湖，所以許多畫作有隱喻和象徵性，表現人生遭遇，內在情緒，如〈松壑飛泉〉畫作有學生勝出老師橋段，〈南街殷賑〉畫作取材的創作入選過程；〈驟雨〉畫作，隱喻當時二二八艱困心境。

2. 人物悲歡離合，人性尊嚴與沉淪。當時大稻埕人文薈

萃，郭雪湖、李石樵、楊三郎等等人為藝術教育努力
義氣相挺相扶持；同時藝術劇團交織熱情希望，〈丟
丟銅〉，〈青春嶺〉，李叔同等歌曲依劇情適時呈現
日禁和自由戀愛等短暫太平歲月，靜好自在的氛圍。
後到國民政府初期，父救子，夫妻共患難時代無奈下
的動人情節。

3. 對白語言交雜，有台語、日語、國語，為殖民時代的
真實呈現，表現語言隔閡與通俗，優雅和緊張。

4. 音樂上，除了有主題曲和片尾曲，點出電視劇中人物
內在精神的渴望；劇中〈丟丟銅〉、〈青春嶺〉等歌
曲作為插曲，過去的經驗是單獨聆聽，在與劇情相互
支援，動聽歌曲同時豐富劇情，抽象情感有著不同的
象徵，意味深長的感觸，隨著時代人物因應種種可能
未來。

5. 《紫色大稻埕》受文化部優質戲劇連續補助，雖然當
時收視率不高，但網路平台可依個人時間隨時收看，
漸漸廣為人知，有相當高點閱率。目前台灣走優質戲
劇路線，集數不多，也嘗試不同主題的開發，如植劇
場，推出一系列不同主題風格的精緻戲劇，獲得好評。

4-3　郭雪湖〈南街殷賑〉等畫作主題策展設計分析

　　策展人（curator）過去是官方或藝廊承辦的傳統策展，但
現在文創產業在種全球化流行下是很有挑戰的職業，「策展」
除了對展出藝術敏銳和深度瞭解外，又需多元與跨界的協調需
求，從「視覺藝術」規劃擴及到「表演藝術」等的製作都稱為

curator；「策展」的內容，除了藝術本身智權授權，還有藉策演的專業來行銷規劃、臨時空間活動與販售產品。

在單元二提及「珍珠之光－透視維梅爾」特展，文創人在規劃策展實務設計，應注意那些，如2-5「文化創意產業應用」。

關於郭雪湖特展，如下表：

展覽名稱與時間	地點	特質	特色
時代優雅——郭雪湖百歲回顧展 2008/02/01-03/16	國立歷史博物館（台北）	膠彩畫	傳統策展
畫中台北——大稻埕少年郭雪湖特展 2017/10/12-2018/02/28	台北探索館（台北）	膠彩畫多媒體	多媒體與動畫科技結合
樂山樂水——郭雪湖回顧展 2017/12/03-2018/01/14	台東美術館（台東）	膠彩畫多媒體	多媒體與動畫科技結合、黑白照情境布置

在《策展簡史》中「界定策展人」提及：「吉伯特與喬治（Gilbert & George）對藝術的獻詞：就是觀看觀看觀看，再觀看。因為沒有什麼可以代替觀看。」（序頁210-211）

從2008年到2017年，郭雪湖的作品展，使人目觀畫，內心對前輩畫作的思考，不僅是觀看表面構圖和色彩，還必須深入思考其人其事，對藝術創新的實踐。

郭雪湖先生在2008年榮獲行政院第二十七屆文化獎殊榮，「時代優雅——郭雪湖百歲回顧展」台北歷史博物館推廣畫家

一生對藝術的貢獻;「畫中台北——大稻埕少年郭雪湖特展」,從名稱,目的是為吸引少年或年輕學子,特展有畫家曾使用的各式膠彩畫具,同時也展出〈南街殷賑〉尚未著色的草稿,對照高480公尺、寬240公尺真實版的〈南街殷賑〉,使觀者有許多想像空間;同時還有多媒體與動畫的影片互動,螢幕上點選〈南街殷賑〉畫作,有助於探索招牌隱藏的喧嘩市集的故事,提升參與度和藝術教育的興趣。

「樂山樂水——郭雪湖回顧展」目的為文化尋根,建構台灣百年美術史;觀看後,我們深思回顧展意義為何?透過《紫色大稻埕》電視劇,我們瞭解當時台展由官方辦的比賽,得獎作品的年展是「政治經濟價值的首要交易所。」[11]若在2008年,似乎對畫家持續不間斷創作,創新求變精神,還有對其人格和畫格,有強烈肯定的意味,同時再現台灣美好的年代和時光,也有莫被歷史遺忘的期望;另外,〈昔日西門情景〉以黑白情境照為主軸,要把畫中小販與觀展者動作互動,模擬當時的市井喧嘩現場感,似乎更親民,貼近藝術與庶民生活景像。

或者,未來的策展,觸角可延伸為電影製作過程中場景布置和道具展示,滿足觀者對電影或電視劇的好奇探索。

4-4 經典文創運用與結論

時代之輪,軋軋走到現代資訊化社會,郭雪湖年代的背景聲已遠逝,大稻埕的繁華早移到信義區,我們有幸觀賞以〈南

---

11 引自《策展簡史》序頁8,雖然作者用來形容當時歐洲,但筆者以為日治時期台灣亦如是。

街殷賑〉畫作改編的《大稻埕》電影和以大稻埕人文薈萃為主的《紫色大稻埕》電視劇，二者的主題與表現形式，劇中人物悲歡離合和面對命運，層層烙印在隱匿的記憶深處，期待未來能挖掘更多類型題材，或用不同視角看到詮釋經典畫作，幫助觀者在觀賞不同故事的情緒，連結自己的生命經驗，心靈注滿向上向善的能量，面對現實有股向前推動的力量。同時「在地文化的國際化發展」，希望台灣影視產業能蓬勃發展。

「畫中台北──大稻埕少年郭雪湖特展」為台北市政府觀光傳播局承辦，依觀光角度，像「走讀大稻埕」或結合藝術節，大稻埕的變裝秀，均是引導觀者進入藝術情境的美感體驗，以達文創產業終端目的，提升審美品味，提升國家文化力。

又或許策展的觸角可延伸到電影製作，如場景布置和道具展示，將綜合藝術滿足觀好奇探索的心；或者結合藝術節，大稻埕的變裝秀，引導觀眾進入藝術的情境的美感體驗。

【小作業】

1. 郭雪湖〈南街殷賑〉賞析。
2. 電影「大稻埕」作品分析。
3. 電視劇「紫色大稻埕」分析。
4. 分析郭雪湖〈南街殷賑〉[12]畫作主題策展，並擬作一篇新聞報導。

---

12 https://www.youtube.com/watch?v=gLk-K-yKJ6o『跨世紀的優雅』郭雪湖（參閱日期：2018/01/23）。時代的優雅= The age of elegance：郭雪湖百歲回顧展專輯。

【參考資料】

公視 紫色大稻埕延伸閱讀 南街殷賑篇

    https://www.youtube.com/watch?v=0Ce_YlHlJLE

公共電視——紫色大稻埕

    https://www.pts.org.tw/dadaocheng/

大稻埕（電影——維基百科）

    https://zh.wikipedia.org/wiki/%E5%A4%A7%E7%A8%BB%E
5%9F%95_(%E9%9B%BB%E5%BD%B1)

畫中台北——大稻埕少年郭雪湖特展

    http://www.chinatimes.com/realtimenews/20171013000906-
260405

台灣創價學會舉辦「樂山樂水——郭雪湖回顧展」東部巡
    迴展

    http://news.ltn.com.tw/news/life/breakingnews/1901791

《時代的優雅 = The age of elegance：郭雪湖百歲回顧展專
    輯》。台北國立歷史博物館出版，2008/02/01

《紫色大稻埕》謝里法著，台北：藝術家出版，
    2009/03/12。

郭松年著，許倍雲、曾巧雲執筆《望鄉——父親郭雪湖的
    藝術生涯》，台北：馬可孛羅文化，2018/01。

張健著，《影視藝術欣賞》，台北：五南，2010/05。

NOTE

單元 5

帶著光環，追求你的「小王子」

● 學習目標

知識：瞭解經典再現的面貌－《小王子》作者和創作的過程及版本介紹與閱讀出版。

技能：賞析《小王子》經典內涵，培養知性邏輯的分析能力，增進表達技巧，學習應用經典。

情意：《小王子》經典對人生課題的價值反省，生命純真本質的追求。

態度：自學與謙卑，縝密與體貼，團隊配合與無懈合作的態度。

● 學習重點

5-1 《小王子》作者生平經歷與創作的各式版本。

5-2 瞭解《小王子》故事主題涵義與不同形式改編。

5-3 文化創意產業應用，出版產業、主題策展與文創設計。

　　「經典之書對其讀者所述永無止盡。」（卡爾維諾經典定義）安東尼·聖修伯里（Antoine Jean Bapiste Marie Roger de Saint-Exupéry）《小王子》所以這本不足三萬字小書，從首版於1943年的迄今已被譯成二百五十多種語言，全球賣出超過一點四億本，是二十世紀擄獲最多人心的書，從九歲到九十九歲，是每一個成長階段必讀的經典，在人類史上它是發行量僅次於

《聖經》，且被公認是世界上最好看的書之一。反覆閱讀，小王子內在有不可思議的力量在支持讀者的成長生命。

5-1　《小王子》作者生平經歷與創作的各式版本

　　據說作者六歲畫一個褐色像帽子的物件，帽緣右下有小黑點，他問大人這是什麼？大人的答案令人沮喪至極，當他說畫一個蟒蛇吞象的故事，肚腹撐脹，很久很久不再進食，他覺得很詫異，不可思議，可是大人就是無法同理他的童心。還說一點都不恐怖，這冷漠反應，讓他內心很挫敗，大人建議他無須胡思亂想，注意課業與人際關係。長大後，他成為飛行員，我們知道飛行員工作，須要良好的身體和心理的條件，良好的體能訓練與空間感，抗壓性、手眼協調性、平常可以多工處理兩三件事物以上、能維持專注力、能以英語與別人溝通無礙者、法規背誦、氣象學，但內心深處隨歲月的成長，沉默，忍耐孤獨寧靜堅忍，同時從事遠離地面的飛行員工作，尋求童年為何大人無法理解孩子想像，終於寫成《小王子》告訴大人答案。

　　他就是安東尼‧聖修伯里（Antoine Jean Bapiste Marie Roger de Saint-Exupéry）。1900年6月29日出生於法國里昂。他當飛行員時，飛機是富人們高級飛行休閒活動，到第一次世界大戰，飛機才變成偵察敵人的平台。

　　他二十一歲，開始軍旅生涯，對飛行極度熱愛，進入史特拉斯堡空軍服役，1923年退役進入民間航空公司任職，成為郵政飛行員。在遠離地表，混亂的心，歸復寧靜，飛行雲端特殊經歷，具體生命形而上的領悟，寫成文章，發表在報章雜誌，與人分享，《南線班機》與《夜航》即是此時的作品。然而，

在1936年一次航空競賽，聖修伯里意外墜機，在利比亞沙漠
（Désert de Lybie）迷失了……

他急於修繕飛機引擎，從白天氣候炎熱，人的體溫適應，
視覺同時產生「沙漠蜃景」。到夜晚，星空近了，沙漠的寧靜
使他突然覺得沙漠和雲端，是顏色不同的虛空，在雲端，天光
雲影也有海市蜃樓。他忙不停的雙手終於停下來，陸地的雲
端，雲端有陸地，是昏迷前的恍忽，隆起的沙丘如帽，帽子覆
蓋什麼生物？問題讓他帶到童年過往的時光，想像驚心動魄不
可思議經驗……後來，聖修伯里被一支貝多因人（Bédouin）
的沙漠商隊給拯救了。這經驗是後來創作小王子時靈感。

後來面對戰爭的殘酷、撕裂，他移居美國，聖修伯里繼續
從事寫作，發表《戰鬥飛行員》、《給一個人質的信》、《人
類的大地》和《夜間飛行》，《小王子》也是在這時候完成，
最初出版是美國英文版。

在二戰爆發，他從美國回到法國加入空軍，1944年7月31
日早上8時35分，擔任攝影偵查隊指揮官在飛行任務中沒有返
航，離奇失蹤；到1944年9月8日找到，被正式記載失蹤。11月
3日，空軍追悼詞寫：「獻給他1944年6月及7月最美好的勇氣
及貢獻」，至2004年4月在法國南部馬賽海底附近尋獲飛機殘
骸。

雖然他謎般的消失，但留下《小王子》的故事。飛行員，
雲端的孤獨寧靜堅忍，通過寫作的努力和信念，將內心本質的
純真表現出來，閱讀經典如護身符，使我們反省人生，喚醒潛
在的生命真實。

小王子故事的魅力在哪？

哥德夏《故事如何改變你的大腦？》提及：「我們天生就
會被故事吸引。當我們的的情感沉溺在人物與劇情，就變得容

易被塑型與控制。……閱讀與觀賞虛構故事。這會讓你更有同理心，並更有能力駕馭生活中的矛盾。」小孩喜歡聽故事，喜歡對世界探索後有同理性的答案。於是《小王子》的經歷和情緒，自然而然在潛意識裡形塑孩子內在感性和理性控制力。

作者藉飛行員經歷危難，而小王子旅行星際，抵達地球，二人在在沙漠相遇的故事，傳達童真是人生存在真實感，期待成為有童心的大人。

筆者閱讀後，驚然發現作者領悟生命意義，藉小王子的旅行探險，與飛行員對話的過程，使成年人回憶並尋回失去的純真，如沙漠尋水井，黑夜找星光，原來是如斯單純深刻，同時作者企圖解釋大人反應背後的思維模式，他是大人，但不要成為勢力的大人，成為對世界好奇有溫暖的大人，這是作者寫作目的和理想──「每一個大人都曾經是小孩。可惜，記得這件事的大人實在不多。」正如書的獻詞「獻給利昂，瑞斯──當他還是小男孩的時候」。

有童心的大人，有同理心的大人。這目標，就大人而言，經歷世事，飽嘗冷暖，最終發現童真是生活中最最珍貴的，如是找到曾經的自己，悟出人生真義；小孩讀到小王子的心情，除了寬諒大人世界與思維，也期待未來逐漸成為大人時，功利世故少些；追求功成名就，莫忘曾經貼緊窗戶觀看世界，曾經為擔心花朵安危，那種純粹欣賞，純粹憐憫，是多麼真實，小王子就是小孩，曾經內心就是清如水澈，大人世界不懂孩子，不懂童心是用新鮮眼光看老舊世界，小孩在故事裡，領悟不要成為那樣的大人。

《小王子》是公版書，在台灣坊間有許多的譯本與版本，筆者走進書店，在某層書櫃小王子的書一字排開，以各式精裝或平裝或中英或中法對照朗讀，或與音樂專輯一起發行，或筆

記本、書籤或動畫等形式出版，引人注目。有適合孩子的漫畫本、MP3，適合大人收藏精裝本，學習英文對照本，結合異業出版手記本等，《小王子》新出版，編輯可謂用心良苦，前面導讀加深對書的瞭解，或請名人講座如張曼娟或李進文等談小王子，甚至是有聲書以「大人的童書」為課題來推廣書籍，滿足不同閱讀者的口味。版本如下：

編號	中文書名／譯者	出版社／出版日期	形式
1	小王子【獨家精裝夜光版】譯者：艾林	台北：愛米粒 2017/04/13	實體書 精裝
2	小王子（胡晴舫專文導讀 2015文學強譯本）譯者：繆詠華，法中直譯	台北：二魚文化 2015/10/16	實體書 精裝
3	小王子【中英法對照版】譯者：張譯	台北：高寶 2015/10/14	實體書 精裝
4	小王子（中英雙語版）譯者：綠亞，繪者：曾銘祥，吳淡如導讀	台北：晨星 2015/10/14	平裝
5	小王子：最值得珍藏的名家譯本，譯者：劉俐	台北：自由之丘 2015/10/01	平裝
6	小王子（中·英·法對照）譯者：盛世教育	台北：笛藤 2015/09/20	精裝珍藏版（附情境配樂 中·英·法朗讀MP3 + 紀念書籤）
7	小王子（電影原著小說隨身讀本，附著色畫明信片）譯者：Orange Bud	台北：野人 2015/08/19	精裝
8	小王子【70周年精裝紀念版】譯者：墨丸	台北：漫遊者文化 2014/12/30	實體書 精裝
9	小王子 The Little Prince 譯者：李思	台北：寂天 2013/04/15	精裝【原著雙語彩圖本】25K彩色+2MP3
10	小王子 譯者：張家琪	台北：木馬文化 2010/01/11	實體書 精裝
11	小王子 喬安·史法的圖文版 譯者：藍漢傑	台北：大田 2010/01/28	平裝
12	全彩漫畫版 小王子 黃耀傑／漫畫	台北：福地出版 2008/02/01	平裝

13	小王子	台北：志文 1992／初版	新潮文庫348
14	小王子（世界文學名著漫畫）賴有賢	新北市凌網科技： 紅狐文化，2011 ／第一版	平裝
15	小王子	高雄：崇文館 2002/03/25	平裝
16	小王子	台北：未來書城	動畫書

綜上出版概況，中英法文對照版本，實體精裝與平裝，甚至講究出版質感，彩色插圖印刷，或附明信片，MP3、音樂創作、動畫書等，滿足各式大小讀者的需求。在網路「繁花亂眼──《小王子》的八個版本」討論大陸的各種版本，足見暢銷程度。

5-2 瞭解《小王子》故事主題涵義與不同形式改編

《小王子》故事主題為何？筆者曾在部落格發表〈綿羊・大人星球・清泉──讀小王子找回童真〉探尋人生樣貌。

這個故事很簡單，就是一個飛行員在沙漠遇見小王子。開始，作者以飛行員的童年畫畫經驗，受挫大人想像，也在符合大人期待下成為大人，當然歲月讓他漸漸忘記童年曾經的童真與想像。劇情就這樣開始，飛行員遺忘了過去，現在想找回童真。

飛行員面臨的第一道阻礙，正好在書的第2-4章小王子要求畫羊橋段，飛行員無奈畫盒子，正是在恢復想像能力。孩童一隻筆在手，塗鴉也能編造故事，當時畫不出來，後自我調侃

「我根本不能經由盒子透視裡面的羊。也許，我是有點像大人，我大概是變老了。」的確，當大人太久了，想像力完全喪失。所以想找回童真，先找回想像力吧。我想到一個笑話，某位大學教師教畫畫，孩子問，那些大人都不會畫畫嗎？

接著須努力清理大人思維之根苗，在第5章小王子清理巴歐巴樹橋段，日日勤清理，莫使大人世故之根抽芽成長，長成到奪走內心小王子立足之地，也無法剷除。第6章欣賞落日橋段，孩子是以無數次耐心的做同一件事來自我療傷。第7章心愛的花被羊吃掉橋段，悲憫周遭，即使是面對一朵花。第8章小王子向飛行員傾訴橋段，童真擁有深刻自省力，是大人做不到的。第9章離開前清理火山橋段，是努力清理大人那種理所當然的思維解答，否則想努力脫離大人世故模式思維，無法找回童真。

當你試圖努力做這些，將發現，你終於能跳脫「大人圈」。

離開大人世界樣貌，有距離清晰觀察大人的真實面貌，在第10-15章分別為權威國王、愛現的男人、酒鬼、商人、燈柱和燈夫、地理學家的大人醜態面貌。審判自己比審判別人更難、愛現、忘卻恥辱的方式很怪，只想擁有和管理，休息只想睡覺；記錄永恆方式差別心甚大。對比小王子在星球的生活，看落日就能療傷，差異甚大。

發現大人真相如沙漠的乾燥、尖利、殘酷和險惡，多麼感到悲傷而寂寞，使人更難過，但如何找回童真？身是大人，心嚮往童真，如何做？第16章旅行到地球，第17章遇到蛇，蛇聲稱可以回去，星星閃閃發亮，可以指引每個人找到回家的路；第18章遇三個花瓣的玫瑰花橋段，學習專注與真心投入對象如孩子，第19章登高山橋段，第20章玫瑰花園有五千朵橋段，加

深內心創傷；第21章狐狸橋段，狐狸告訴小王子真理，若人們能建立彼此需要關係，認真對待玫瑰，你澆灌牠，牠聽你傾訴，真正重要的東西是肉眼無法看見的，曾經傾注心力在玫瑰身上，所以玫瑰才重要。

所以答案是肯定的，只要有心，仍可找回童真，只要有志同道合，相互馴養砥礪的朋友，可以發現心靈之美。第22章鐵路號誌員橋段，成人對自己所在的環境感到不滿意，他們不知道在找什麼，心靈的調節就可適度蓄水和洩洪釋懷。第23章販賣止渴藥丸商人橋段，或者至少大人可以找尋生活中清泉。

第24章飛行員喝下最後一滴水橋段。第25章找到水井橋段。沙漠隱藏水井，水的甜美來自星夜下的跋涉找尋，歌唱和勞動付出，付出有風險，水是生活不可或缺，童真亦是，找到童真，需要小心呵護，燈火巧喻，一陣風吹熄，立即跌進大人世界的心態和思維。

最後，世故的大人找到童真，第26章小王子離開的橋段。童真是小王子，找回童年純真，不帶感傷回憶童年舊軀殼，早已煙消雲逝，不復以往，大人領悟現實人生擁有星星，盼望，才是最美的。人生真義如此，回顧過往，悲傷舒緩。當讀者也跟作者一樣，拾回童真，莫忘與作者分享過程的困頓和愉悅。「經典之書對其讀者所述永無止盡。」──作者企圖以飛行員經歷，看待世界的方式，飛離大人世界，才能距離看到大人與童心差別。

《小王子》的文學版本，譯成多國語言，在台灣有英文版、法文版、中英版對照等，而小王子「經典再現」，脫離純文字形式，轉成多文本的呈現，像圖文書的繪本、漫畫，2D或3D動畫影像、舞台劇等，呈現文本的忠實或改編形式，改編為了吸引不同的族群。

首先，先比較小王子電影與舞台劇如下：

	電影	舞台劇
時間	90-120m	30-90-120m獨幕劇、多幕劇
地點	限制電影院	限制「舞台」空間
觀賞畫面	巨大的畫面，占觀眾全視野，視覺感強，但觀眾欣賞是間接的，後製的	畫面依票價決定視野，有臨場感，視覺聽覺感強 現場：演員上下場問題，道具布景，加上劇情的變化，人物的活動表情肢體服飾等，須要高度的技巧，不能冷場，還要交待清楚，增加戲劇張力
拍攝景別	特寫、近景、中景、全景	若發行光碟，拍攝如電影景別
觀眾	願意花錢買票大眾集中注意力，行動限制（可上洗手間）	願意花錢買票大眾集中注意力，行動限制（規定時間才可上洗手間）
意義	娛樂、教育	娛樂、教育

舞台劇的特色，與電視劇、廣播劇、電影等不同的地方有：

一、舞台劇是觀眾與演員、舞台面對面，相互看得到，有臨場感。電視劇、廣播劇、電影的現場沒有觀眾，觀眾欣賞是間接的，後製的。

二、舞台劇受限於「舞台」空間，想表達戲劇的環境有限，劇情受束縛較電視劇、廣播劇、電影大；同時，

也受限時間，劇情在要時間內演完。

三、演員上下場問題，道具布景，加上劇情的變化，人物的活動表情肢體服飾等，須要高度的技巧，不能冷場，還要交待清楚，增加戲劇張力。

　　欣賞一齣戲，我們可觀察開演前的前台設計、入場、舞台、氣氛、聲音，表演時演員表演、舞台設計、媒體影像，如互動裝置是否巧妙、導演的手法，第一幕和第二幕轉接場景等。不要只停留在這齣戲好笑嗎？從以上不同視野觀賞，看戲就有不可思議的觸動。

　　舞台劇的種類，分獨幕劇與多幕劇兩種。

　　所謂獨幕劇，故事劇情節在一幕內完成的小型戲劇，中間沒有暗場，可以有一個場景，也可以有兩個以上的場景。大幕啟閉兩次以上者，即稱多幕劇，通過幾幕將一個完整的故事有層次地表現出來，特點是篇幅長、容量大，情節複雜曲折、人物多。將一個故事的錯綜複雜，來龍去脈在舞台展演，導演根據故事的發展、時間場地的變化、人物上下場等析分為完整的若干段落或數個小故事，這便是劇中的幕。所以多幕劇中的每一幕中又可分為若干場景，根據場面與景物的變化。幕與場的區別在於：一幕是劇情發展的一個大段落，如文章段落，而場則表示戲劇分幾個大段落完成，是戲劇的間隔或場景的變換。分幕分場是戲劇處理時間和空間的特殊方式。例如「第一幕、第二幕」「第一幕第一場」「第二幕第一場」。多幕劇是大型的戲劇，如莎士比亞的《哈姆雷特》、關漢卿的《竇娥冤》等。

　　小王子在台灣的舞台劇有二：一是小王子法國音樂劇，2007年8月4日在台北國家戲劇院演出，二是animate立體書劇場

小王子，2014年7月11日至13日在台北文山劇場演出。

　　「小王子法國音樂劇」為跨界音樂劇場，為達到視聽覺饗宴，結合影像、音樂、舞蹈，道具等，在舞台上有巧妙的布景。在結構內容上為四幕結構，第一幕從飛行員口述如何與小王子相遇。小王子奇幻星際之旅；第二幕小王子降落地球到與狐狸對話，第三幕從火車快速行駛到小王子離開。音效與配樂，使虛構的空間被建構成有聲的故事空間，演員配合劇情，「唱」和「舞」，動人的旋律，唱詞優美加優美的動作。第四幕飛行員思念，並畫出小王子模樣。當幕落下，觀眾回歸自己，看到自己怎麼樣的人生。

項目	內容
【故事名稱】	小王子
【故事類型】	■法語版音樂劇 □animate立體書劇場小王子
【故事大綱】	飛行員與小王子相遇相知並探尋生命本質的故事。
【人物小傳】	飛行員、小王子、玫瑰、狐狸等等。
【主題】	找回生命的童真
【故事的結構·幕】	第一幕從飛行員口述如何與小王子相遇；小王子奇幻星際之旅。 第二幕小王子降落地球到與狐狸對話。 第三幕從火車快速行駛到小王子離開。 第四幕飛行員思念，並畫出小王子模樣。

劇本格式

劇名：「○○○」劇本

序：1	時：日夜晨昏	景：內－外
人：		

　　△情境／動作

【S1分幕（集）大綱】場景1：沙漠、飛機、帳篷，飛行員出場、與大人對話、小王子出現

【舞台說明】

長型的單或雙面舞臺，視場景需要可變成各種出入口。

舞台左邊：飛機和帳篷、帳篷內有修理工具箱、畫冊等（移開）。

舞台背景：沙漠背景、隨著時間做日夜的多媒體投射，和飛行員回憶的互動投影。

舞台右邊：小王子回憶場景，仰臥在星球（星球多媒體投影），對宇宙銀河唱。

舞台正中央：小星球有三座小火山和樹，偶然飛來一粒種子，小王子爬上小山，蹲下來仔細觀察過這顆種子的外型等，天天澆灌，花日益長大。

場景和動態描寫細節前△，空一行；換場景須空二行。

△小王子以放大鏡觀察花的生長姿態等。

小王子：在她綠熒熒的房子裏，她一直在悄悄地謹慎選擇她的顏色，緩緩地打扮著她的花蕊，逐一裝飾著她的花瓣，讓她們看起來像緞子編織著她的胸衣。在她身上，我感受到一個準備精心的奇蹟，這奇蹟就像降臨在我行星上揮灑光芒的陽光。出現小花株前我只知道脆弱的花。這些不占位置的花，它們生生滅滅不留痕跡。這朵花看起來完全不同，她的舉止非常動人，在她身上，我感受到一個準備精心的奇蹟，這奇蹟就像降臨在我行星上揮灑光芒的陽光。

（空一行）

　　我們看到舞台上，飛行員和小王子共唱：「在這片廣大的沙漠上，我們總會再見面的。在這裏事物的本質對於不用心靈去感知的人是不可見的。」二次，用重複歌唱幫助記憶，音樂與文學結合的美感經驗。而且對話多用排比，對白清晰有力又有意境，流暢悅耳，有美感。

　　大人走進小王子世界，滌淨憂傷；小孩走進小王子特別的奇幻場域，照見大人與小孩心靈空地的不同。你是否也注意到飛行員和小王子圍巾是同一款橘？而且小王子服飾和飛行員同是寶藍色，這意味著小王子就是純真童年的飛行員。

　　《小王子》電影動畫，是繪畫與動畫結合，以剪紙設計為小王子的角色造型，有以最手工或接近詩的方式藝術形式，故事開頭以大人規劃小女孩的課業和未來，不讓孩子有自由空間，藉由畫紙與老飛行員對話，展開奇幻冒險，充滿不同時空元素。教育與想像力，或許是現代父母仍重視課業的省思。

	電影	舞台劇
片名	小王子	小王子法國音樂劇
時間	120m	120m
改編	小王子	小王子
類型	2015動畫類	2007舞台劇（音樂劇，台北演出）
主題	孩子尋夢的心靈	大人追尋小孩純真（曾經的自己）
敘述者	課業壓力大的單親小女孩	飛行員

審美趣味	紙藝術與動畫	舞台道具布置，音樂劇
音樂	配樂大師Hans Zimmer與另一位知名作曲家Richard Harvey一同為《小王子》營造出奇幻又悠揚的意境氛圍。Camille，為女歌手，唱主題曲。	音樂劇《鐘樓怪人》創作大師理查科香堤最新力作侍衛長演員羅宏班再度獻聲美聲男伶成員賽巴斯汀成軍前唯一音樂劇錄音作品

在2015年改編自童書的賣座《小王子》電影版，在台灣書的銷售量也較同期成長了16倍，小王子的療癒形象在全球掀起了「小王子商機」，現在在台灣各種商品，從寢具到汽車都找「小王子」當代言人，超商集點數有「小王子」餐具組，華山文創園區的「小王子主題展」，也是順勢推出版本展和場景特展，都是刺激買氣的文化消費。

在此想談以小王子內涵情意出發，向作者致敬，對文本回應而成為新的創作，如高鶚續寫《紅樓夢》完成曹雪芹未完成外，也有續一百二十回，續寫林黛玉，起死回生與寶玉結成連理等等。有張曼娟《遇見小王子》和《親愛的小王子》變成《遇見，親愛的小王子》。

加拿大作家尚皮耶‧達維德（Jean-pierre Davidts）向作者致敬之作《再見小王子》，還有阿根廷、日本《小王子的星球之旅》、韓國作家《當地球大人遇見小王子》[1]等致敬之作，

---

1 《當地球大人遇見小王子：獻給你心中，沒有被地球人同化的小小外星人（內附《小王子》全文）》（A Grown Earthling Meets The Little Prince），作者：（韓）丁稀在，安東尼‧聖修伯里，譯者：游芯歆，繪者：鄭美藝，台北：橡實文化，2016/01/07。

如《小王子歸來》、《如果你遇見我的朋友——小王子》、《小王子的玫瑰》等（請見參考資料），無不對再次遇見心靈清澈的小小人的嚮往，我想這樣深值大人與小孩，會繼續延續下去。

5-3 文化創意產業應用，出版產業、主題策展與文創設計

綜合以上單元，有「珍珠之光——維梅爾特展」、「清明上河圖（台北故宮／上海世博）展」、「畫中台北——大稻埕少年郭雪湖特展」、「樂山樂水——郭雪湖回顧展」、「小王子特展」。

我們約分成二種，須買票和免費的。即除了郭雪湖的展是免費參觀，其他須買票。即文化創意產業應用是藝術有商業氣息，須要票價支持。經典加時尚創新，策展人如何策劃引導民眾進入美感的情境，同時也將民眾在藝術情境加以體驗，探索完全不同審美經驗。

如何扮演好策展人？汲取傳統養分，藝術家至高無上，對藝術品特質敏感能在臨時空間場布呈現並推動展覽活動，實現自身的目的。

在《策展簡史》提出「如何界定策展人？」菲力克斯·費內翁（Felix Feneon）：「策展人應該是過街天橋。」；「達農庫爾：策展人應該是藝術和公眾之間的聯絡員。策展人就是幫助公眾走近藝術，體驗藝術的樂趣，感受藝術的力量、藝術的顛覆以及其他的事。」（頁210-211）。

我們在1920-30年代台日展官辦的傳統策展到現在，都有

商業活動，我們在面對經典，或許不僅僅是觀看表面，必須看得深入一些，邊看邊思考，寓言體的故事，療癒人心。

一、插畫與策展企劃

「經典之書帶著前人理解的光環來到我們面前，尾隨其後的又是他們穿過時光長河在各文化中（或者是不同的語言和風俗）所留下的痕跡。」卡爾維諾這樣詮釋經典。小王子的出版、主題策展與文創設計豐富而多面向。對擁有一定讀者群的經典和插圖，「小王子特展」有各國版本和珍藏圖稿、巨大立體人偶模型和情境裝置，提供民眾視覺與心靈饗宴和驚奇的互動。在文創產業的潮流活動，大家願意「付費」在週末或假期走一趟，然後在生活或工作上，真實坦然面對自己的人生，才是文化生活的目的。同時文化產業須要銅臭支持，在大家衣食足後感性的享受豐富靈糧。

展覽資訊如下：

展覽名稱	小王子特展
展覽簡介	撰寫與相關文案設計、新聞稿撰寫等。
展區介紹	透過網頁，有三個展區，「走進故事書體驗實境歷遊」、「珍藏圖稿曝光－看見小王子的誕生」、「全台唯一小王子專賣店」。其中「走進故事書體驗實境歷遊」是故事內容的真實呈現，有【降落在世界各地的小王子】、【小王子與飛行員的相遇】、【國王的星球】、【愛慕虛榮者的星球】、【酒鬼的星球】、【商人的星球】、【點燈人的星球】、【地理學家的星球】、【小王子之牆】、【地球】、【永遠的小王子】、【關於聖修伯里】、【作者之屋】

展覽日期：	2014/12/20-2015/03/15（除夕休館）
展覽時間：	每日10：00-18：00（17：30停止入館）

展覽地點	華山1914文創園區 東二四連棟（台北市中正區八德路一段1號）
主辦單位	華山1914文創園區、聯合報系 協辦單位：創意娛樂有限公司 授權單位：聖修伯里基金會、MediaLink
展覽票價	11/01-12/19，預售票190元；12/20-03/15，展期間全票280元、愛心票140元
導覽資訊	略
交通資訊	略

二、文創商品

　　一日之所須，百工之為業。商品，源於日常生活實用，但同時提供生活美感和品味。「小王子特展」活動滿足各式人的精神須求，透過授權，週邊商品，又與日常生活結合，有食器鍋碗湯杯、潮T設計、床單枕被、文具等文創商品，跨越閱讀，出現在生活週遭，溫暖維繫與經典關係，或者進一步學習法國文化或美術字等等，不同層次的心靈饗宴。

　　筆者在某日下午以古典鋼筆書寫《小王子》的經典語句，畫上簡單插圖，臨摹小王子美術字，達到文創生活是細緻文化和修養，美感和藝術的追求。

　　經典是「文學音樂達到的最高境界」（牛津辭典），何真真「遇見小王子」（台北風潮音樂出版CD專輯），透過鋼琴演奏和愛爾蘭笛音樂，彷彿與小王子遨遊星際間，豐富寬度與哲理的深度滌盪在心裏，純真單純，在如沙漠般荒蕪、疏離與

孤寂內心，頓時心曠神怡。單獨聆聽音樂，抽離畫面，仍有劇情在翻騰，仍有情緒在心底傾訴。

《小王子》魅力無法抵擋，作者的故事想像力遨遊星際，情節對話觸動靈魂的弦，直逼事物本質。是屬於孩童內在世界的書，是靈魂與外在世界對話，心靈能量經由故事被撥動，沉澱、重啟，文本傳達人生課題的許多面向，關於孤獨、童真、愛情、友誼，追尋自己、與永恆同行等。

不管是中文或英文，感動無分國界。每人都有獨具慧眼領悟生活，眼耳舌身意，只有細心用「心眼」必能體會幼兒到九十九歲都可閱讀的寓言體故事，閱讀的過程，吾人隨著情節或對話，和作者共同經歷一趟心靈之旅，涉世未深的你，保持內在純真，迎向未來；剛踏社會的你，記得喚醒內在純真，超越期許；涉世已深的你，找回童心，安慰困頓的心。

【小作業】

1. 請讀原作後，再觀賞小王子法語版音樂劇作，請任擇橋段寫成舞台劇腳本。
2. 試分析「小王子」電影之改編。
3. 以小王子的心情發想一首歌。
4. 擬份以小王子為主題的策展企劃書。

【參考資料】

出版熱銷72年 全球夯「小王子經濟學」─東森新聞HD
　　（上網時間：2017/7/24 20:09）。

　　https://www.youtube.com/watch?v=erNl0eDqLEg

小王子 藝術有聲大學公益美學堂蔣勳主講（90鐘導讀MP3
　　錄音課程）

https://www.youtube.com/watch?v=G0gQR5v0Dm0

《双河灣生活閱讀誌》45期有聲書評《小王子》，主持人：裘凱宇；對談人：李進文（未來書城總編輯）

https://www.youtube.com/watch?v=4oqjBGS7QgI

《法國文化教室》（台北：九歌）。

《小王子》安東尼‧聖修伯里，陳樺譯譯，台北：人本自然，1999/09。

《再見小王子》尚皮耶‧達維德，李毓昭、張惠凌譯，台北：晨星，2003/05。

《小王子歸來》亞力山大‧吉耶摩‧羅耶梅斯，呂玉蟬譯，台北：皇冠，2013/03。

《如果你遇見我的朋友－小王子》魯道夫，台北：人本自然，1999/06。

《南方信件》安東尼‧聖修伯里，陳樺譯譯，台北：人本自然，1999/06。

《夜間飛行》安東尼‧聖修伯里，陳若漪譯，台北：人本自然，1999/05。

《風沙星辰》安東尼‧聖修伯里，陳若漪譯，台北：人本自然，1999/03。

《小王子的星球之旅》山崎庸一郎，曹湘盈譯，台北：臺灣麥克，2013/04。

《小王子的玫瑰》Consuelo de Saint-Exupéry（康綏蘿‧聖修伯里），余光照譯，台北：大塊文化，2002/01。

《當地球大人遇見小王子（A Grown Earthling Meets The Little Prince）：獻給你心中，沒有被地球人同化的小小外星人（內附《小王子》全文）》作者：（韓）丁稀在，安東尼‧聖修伯里，譯者：游芯歆，繪者：鄭

美藝，台北：橡實文化，2016/01/07。

《故事如何改變你的大腦？》（The storytelling animal: how stories make us human），哥德夏，原文作者：Jonathan Gottschall，譯者：許雅淑，李宗義，台北：木馬文化，2014/07/02。

單元 6

文創人經典重現之觸角空間

　　文創人在閱讀本書後，從瞭解什麼是經典開始，知道經典的意義，經典與時尚的關係，如何延續「賞味期限」，經典改編，美感的接收歷程與效果，最後回到文本閱讀本身於焉完成。

　　是故文創人是瞭解文化價值，時尚流行在創造經典，挖掘經典為經典變身，新瓶舊酒，引人注目；再者，各行各業都有精湛技藝，生命故事涵義甚廣，每種技藝都在教我們如何思考這世界的規則，文創產業雖有分類，但實際為美感的傳播，體會生命真諦，終點是一致的。在單元一提及台灣的文化創意產業產業範圍，包括文化部和經濟部主辦（如前）。

　　綜上幾章所論，文創人的觸角可伸向幾個方向思考如何設計與應用經典？

　　一、找到最佳時機，書寫時代課題：經典的目的，在傳統上要「觀乎人文，以化天下」，除了提供審美想像和啟蒙人們感受宇宙人生的哲學課題，使經典不斷傳誦，再現，看見每個世代生活記憶與文化價值。而現在的思潮，我們須敏銳的社會觀察力，創造好故事；目前流行偶像劇《我可能不會愛你》，為三十歲熟女「初老」的詮釋，受到觀眾的肯定，成為當下流行經典，而後被改編成韓劇《愛你的時間》。或者最佳恰當時機作經典巡

禮，改編成電影或重新再版等。如「畫中台北——大稻埕少年郭雪湖回顧展」及「樂山樂水——郭雪湖回顧展」為郭雪湖榮獲文化獎殊榮後，改編成電影和電視劇，均有其最佳時機，使人感受經典不朽的魅力。《小王子》（Le Petit Prince）【70周年精裝紀念版】亦是。

二、同是改編文本或畫作，尋求新的議題，也種使經典從不同角度再次思考人生。雖然戲劇議題不外乎五倫，父子有親，君臣有義（主僕、等上同下屬），夫婦有別，長幼有敘（序），朋友有信，五倫講的是個人與個人之間的關係，但現代人際關係較過去複雜，姐妹或同志婚姻等，當然還有李國鼎先生提倡第六倫「群己輪」、「公德心」，為因應未來科技社會，然而仍有許有課題待發掘與深思，如人工智慧與道德法律。2017年石黑一雄榮獲諾貝爾文學獎，其中《長日將盡》早已在1993年改編成電影，而《別讓我走》一書英國也拍成電影，日本則是電視劇，是校園複製人倫理課題，還有肉體與情感的矛盾等課題。最細膩繁複的語言世界是文學，屢屢改編成影像作品，是提供不同的觸角，不同的觀看方式和不同思維及層次選擇，科技帶來美好生活，也可能帶來災難。

三、經典作跨領域與異業結合，如〈清明上河圖〉繪畫藝術到歷史、文學、音樂、科技等；結合數位遊戲AR和VR；還有數位行動學習等。策展設計別開生面的展場空間和體驗學習，或著休閒娛樂與旅遊業結合，如「走讀大稻埕」活動，創意生活奇妙經歷，文創觸角伸向外

界和網際網路，創意生活加奇妙經歷，精神與心靈愉悅，達到文創美感任務。

四、目前台灣各縣市的藝術節等，發掘並推廣各縣市的特色，如大稻埕變裝秀遊行；或推動有特色文創商品設計需求比賽，為經典搭建創新應用平台，與不同產業連結相互合作，共創流行與經典文化。